Souveräne Gesprächsführung und Moderation

Ruth Pink, Diplom-Politologin, ist Lehrbeauftragte an der Technischen Universität München und erfolgreiche Fachbuchautorin. Seit über 15 Jahren arbeitet sie als selbstständige Trainerin und Coach für namhafte Unternehmen und öffentliche Institutionen. Schwerpunkte ihrer Seminare und Workshops sind Rhetorik, Kommunikation, Teamentwicklung und Kreativitätstechniken.

Ruth Pink

Souveräne Gesprächsführung und Moderation

Kritikgespräche – Mitarbeiter-Coaching – Konfliktlösungen – Meetings – Präsentationen

Campus Verlag
Frankfurt/New York

Die Deutsche Bibliothek – CIP-Einheitsaufnahme

Ein Titeldatensatz für diese Publikation ist bei
Der Deutschen Bibliothek erhältlich
ISBN 3-593-36826-9

Copyright © 2002 Campus Verlag GmbH, Frankfurt/Main
Umschlaggestaltung: Guido Klütsch, Köln
Umschlagmotiv: zeta visual media, Düsseldorf
Satz: Fotosatz L. Huhn, Maintal-Bischofsheim
Druck und Bindung: Media-Print, Paderborn
Gedruckt auf säurefreiem und chlorfrei gebleichtem Papier.
Printed in Germany

Besuchen Sie uns im Internet: www.campus.de

Inhalt

Einleitung

Das vorliegende Buch wendet sich gezielt an junge Führungskräfte: Menschen, die erstmals im Berufsleben eine leitende Position übernehmen. Wie der Begriff *junge Führungskräfte* vermuten lässt, handelt es sich dabei auch um eine an Jahren junge Zielgruppe – etwa Mitte zwanzig bis Ende dreißig. Doch jung sind diese Führungskräfte vor allem bezüglich ihrer Erfahrung in puncto Führungsverantwortung.

Eine leitende Position bedeutet schließlich nicht nur größere Verantwortung in fachlicher Hinsicht, sondern sie ist immer auch mit Führung von Mitarbeitern verbunden. Ganz egal, ob jemand zum Verkaufs- oder Abteilungsleiter aufgestiegen ist – er oder sie soll nun andere Menschen *führen* und *leiten*.

Was gilt es zu beachten, wenn man Führungsverantwortung übernimmt? Welche Fehler sollte man unbedingt vermeiden? Welche Regeln sollte man bei Mitarbeitergesprächen einhalten? Wie verhält man sich bei schwierigen Mitarbeitern oder Kunden? Welche Möglichkeiten gibt es, Meetings professionell zu leiten? Auf diese und andere Fragen werden Ihnen praxisorientierte Antworten gegeben. So unterschiedlich sich auch die Berufs- und Arbeitswelt im Detail präsentiert – viele Situationen und Probleme sind branchenübergreifend. Daher wendet sich dieses Buch an junge Führungskräfte aller Berufssparten.

Das erste Kapitel soll in die Thematik einführen: Wie hat sich die heutige Arbeitswelt und damit auch der Führungsbegriff gewandelt? Welche Faktoren sind wichtige Voraussetzungen für eine berufliche Karriere? Welche Führungsstile gibt es überhaupt? Ziel dieser Einführung ist es, die *Anforderungsprofile* deutlich zu machen, die heutzutage an Führungskräfte gestellt werden.

Im zweiten Kapitel werden die wichtigsten *Kommunikationsmodelle* vorgestellt, denn im modernen Berufsalltag ist Wissen über Kommunikationsprozesse unumgänglich. Der Erklärungsbogen umfasst dabei die Analyse individueller Selbstgespräche sowie wichtige Grundregeln der Kommunikation. Ziel dieses Kapitels ist es, die verschiedenen psychologischen Gesprächsebenen zu verdeutlichen, um dadurch zwischenmenschliche Kommunikation insgesamt besser zu verstehen.

Im dritten Kapitel steht das *Gesprächsverhalten* im Mittelpunkt. Der Berufsalltag in Unternehmen ist von Gesprächen unter Zeitdruck geprägt, von langen Besprechungen und von zahlreichen Konfliktsituationen. Ziel dieses Kapitels ist es, durch praxisnahe Fallbeispiele konkrete Tipps zu geben, wie junge Führungskräfte in schwierigen Gesprächssituationen besser kommunizieren und ihre Rolle als Vorgesetzte souverän wahrnehmen können. Dabei wird vor allem auf die Führungsinstrumente Lob und Kritik, konstruktive Fragestellungen sowie Feedback detailliert eingegangen. Da Kommunikationskompetenz nicht nur die verbale, sondern auch die nonverbale Sprache umfasst, findet auch das Thema *Körpersprache* Berücksichtigung.

Das vierte Kapitel konzentriert sich auf den Bereich *Moderation* und *Präsentation*. Führungskräfte verbringen viel Zeit in Meetings, Konferenzen und Besprechungen. Nicht selten müssen sie selbst Sitzungen oder Workshops leiten und dabei für einen reibungslosen Ablauf und konkrete Ergebnisse sorgen. Ziel dieses Kapitels ist es, den Lesern das Handwerkszeug professioneller Moderatoren vorzustellen, damit Sitzungen nicht zu Plauderstunden ausarten. Dazu werden auch methodisch-didaktische Mittel vorgestellt, um den Diskussionsverlauf anschaulich zu visualisieren und die unterschiedlichsten Teilnehmer aktiv einzubinden.

Das fünfte Kapitel gibt eine *Zusammenfassung der wichtigsten Ergebnisse* in Form von häufig gestellten Fragen und Antworten. Im Anhang des Ratgebers finden Sie Literaturtipps und nützliche Internetlinks.

1.

Die Arbeitswelt verändert sich: gestern Chef – heute Coach?

Leitfragen

Wie hat sich die Arbeitswelt verändert?
Führen: Was bedeutet das?
Welche Führungsstile gibt es?
Welche Anforderungen werden an heutige Führungskräfte gestellt?
Welche Instrumente moderner Personalentwicklung gibt es?
Was sollten Führungskräfte über Rhetorik und Kommunikation wissen?

Führungskraft, Mitarbeiterinnen und Mitarbeiter führen – das hört sich gut an. Aber wo und wie lernt man eigentlich *führen*? Zu Hause, in der Schule, im Studium, im Berufsalltag? Führen lernt man in der Praxis, so werden sicherlich viele auf diese Frage antworten. Richtig ist aber auch, dass man für den eigenen Führungsstil Anregungen bekommen kann, indem man sich mit Führungsmodellen theoretisch auseinander setzt und darüber diskutiert. Hierzu gehört das Lesen der einschlägigen Fachliteratur, von themenspezifischen Aufsätzen in Fachzeitschriften sowie die persönliche Weiterbildung in Form von Vorträgen, Seminaren und Workshops. Dieses einführende Kapitel setzt sich mit verschiedenen Führungsstilen auseinander und informiert über Anforderungsprofile, die an heutige Führungskräfte gestellt werden.

Die Welt im Wandel

Erfolg und Karriere: Wer wünscht sich das nicht? Nie war dies einfacher als heute, so scheint es. Der Tenor dazu lautet: Jeder

Mensch ist seines Glückes Schmied. Gerade jüngeren Menschen wird immer wieder versichert, dass Karriere planbar sei. Alles sei machbar, dem beruflichen Glück stehe man sich höchstens selbst im Wege. Bücher zum Thema Karriere überschlagen sich mit zahlreichen Tipps und preisen die angeblichen ewigen Regeln des Erfolgs. Im Internet ergießt sich über die Rat Suchenden eine Flut von Anregungen, wie sie den Traumjob ihres Lebens finden können. Mit einer gezielten Ausbildung, einem abgeschlossenen Studium, mit kreativen Ideen, Mut, Durchhaltevermögen und natürlich auch einem Quäntchen Glück stünde einer traumhaften Karriere nichts mehr im Wege.

Erfahrene Führungskräfte sehen diese Entwicklung mit gemischten Gefühlen: Einerseits beneiden sie die jüngere Generation um die vielen Chancen, die es in früheren Zeiten so nicht gab – angefangen von Auslandsaufenthalten bis hin zur Gründung des eigenen Start-up-Unternehmens. Andererseits wissen sie aus Erfahrung, dass Erfolg und Karriere oft auf tönernen Füßen stehen und der Traum vom beruflichen Glück in Zeiten weltweiter Rezession schnell wie eine Seifenblase zerplatzen kann. Hinzu kommt, dass das, was gemeinhin als *Erfolg* tituliert wird (nämlich beruflicher Durchbruch), individuell sehr unterschiedlich definiert wird.

Der Begriff *Karriere* bedeutet zunächst ganz nüchtern betrachtet eine (berufliche) Laufbahn. Karriere, abgeleitet vom französischen *carrière* (Rennbahn, Laufbahn), hat seinen Ursprung im lateinischen Wort *carrus* (Karren, Wagen). Etymologisch gesehen ist Karriere also ein Wagen, den man bewegt. Über die Richtung wird nichts gesagt, kein Wort davon, dass dieser Karren stets einem *Weg nach oben* folgt. Im Gegenteil: Wenn wir uns am Bild des Wagens orientieren, bezeichnet Karriere einen Berufs- und Lebensweg, der hinauf –, aber auch herunterführen kann – von permanentem Aufstieg keine Spur. Dennoch ist für die meisten Menschen der Begriff Karriere mit beruflichem und finanziellem Erfolg verbunden.

Allerdings werden auch die negativen Auswirkungen eines beruflichen Aufstiegs heutzutage kritisch unter die Lupe genommen. So heben erfahrene Führungskräfte durchaus die Licht- und Schattenseiten ihres Berufslebens hervor. Die Aussage von Prof. Dr. Ekkehard Schulz, Vorstandsvorsitzender von Thyssen Krupp/Thyssen Krupp Stahl, trifft wohl auf viele Manager zu, wenn er sagt: »Meine Vorstellung als junger Ingenieur war, dass man mit dem Aufstieg auf der Hierarchieleiter freier und unabhängiger wird. Das Gegenteil ist der Fall. Es gibt natürlich auch einen persönlichen Gewinn. Ich empfinde die Arbeit nicht als Belastung, sondern als Erfüllung. Aber man muss einfach fair und ehrlich sein: Der Freiraum für andere Interessen und für die Familie nimmt schon deutlich ab.«[1]

Toppositionen werden also bezahlt mit Freizeit und gravierenden Einschnitten im Privatleben. Die Balance zwischen Berufs- und Privatleben gestaltet sich schwierig. Hier wird vermehrt auf den Rat erfahrener Führungskräfte gesetzt, die den beruflichen Werdegang von Nachwuchskräften begleiten. Junge Führungskräfte nehmen immer häufiger die Hilfe von Unternehmensberatern, Consultants, Mentoren oder Coachs in Anspruch (siehe dazu den Abschnitt *Instrumente moderner Personalentwicklung*). Typische Fragen dabei sind:

• Welche Aufgabe und welche Position ist für mich geeignet?
• Wo liegen meine Stärken und Schwächen?
• Wo möchte ich in fünf Jahren beruflich stehen?
• Wie finde ich eine Balance zwischen beruflichen und privaten Interessen?

Jede individuelle Berufsberatung und Karriereplanung muss jedoch in einem wichtigen Kontext gesehen werden: Die Globalisierung der Märkte – die weltweite wirtschaftliche Verflechtung von Wirtschaftsprozessen – verändert die Arbeitswelt. Gerade auf internationaler Ebene werden verstärkt Qualifikationen nachgefragt, die noch vor wenigen Jahren kaum auf Interesse stießen. So zeigt eine Untersuchung des Staufenbiel-Instituts über die Berufschancen junger Ingenieure,[2] dass 1991 lediglich 29,2 Prozent der befragten Unternehmen von ihren Bewerbern Fremdsprachenkenntnisse verlangten. 1999, acht Jahre später, waren es bereits 64 Prozent. In puncto Auslandserfahrung ist die Entwicklung noch deutlicher zu erkennen: Während Anfang der neunziger Jahre nur 1,7 Prozent der befragten Firmen dies für ein wichtiges Einstellungskriterium hielten, waren es Ende der neunziger Jahre bereits 46,1 Prozent.

Neben den fachlichen Qualifikationen spielen die so genannten *Soft Skills* (oft auch als personenbezogene oder weiche Kompetenzen bezeichnet) eine immer bedeutendere Rolle. In den achtziger Jahren haben Psychologen dazu den Begriff der *emotionalen Intelligenz* geprägt. Der EQ (emotionaler Quotient) soll jene Kompetenzen messen, die jenseits des reinen Fachwissens liegen. Sie betreffen den Umgang mit anderen Menschen, aber auch mit sich selbst. Selbstwahrnehmung, Selbstkontrolle, Selbstmotivation und Selbstmanagement gehen Hand in Hand mit Team- und Konfliktfähigkeit.

Ohne Zweifel bleiben die fachlichen Leistungen nach wie vor wichtige Voraussetzungen, um überhaupt im Berufsleben die Karriereleiter erklimmen zu können. Um erfolgreich agieren zu können, benötigt man allerdings ein Bündel emotional-sozialer Kompetenzen. Kein Wunder also, dass Anforderungsprofile wie Problemlösungs- und Koordinationsfähigkeit, Verantwortungsbereitschaft, Kommunikations- und Verhandlungskompetenz sowie Kreativität sich nahezu in jeder Stellenanzeige finden. Viele dieser Kriterien resultieren aus der Arbeitsdifferenzierung nahezu aller Branchen, denn viele Aufgaben werden heutzutage fast ausschließlich in Projektteams geplant und ausgeführt. Führungskräfte *und* Mitarbeiterinnen und Mitarbeiter müssen daher einen ausgeprägten Teamgeist beweisen.

Der Wandel im Arbeitsleben zeigt sich darüber hinaus noch in vielen Details. So offeriert ein Blick in die Tageszeitung: Der moderne Arbeitnehmer ist selbstbewusster als früher, Führungskräfte investieren mehr Zeit in ihre Weiterbildung, und in vielen Betrieben gibt es kaum noch Beschäftigte, die älter als 50 Jahre sind.

Info

Arbeitnehmer sind selbstbewusster

Für Unternehmen wird es immer schwieriger, talentierte Mitarbeiterinnen und Mitarbeiter zu finden und dauerhaft zu halten. Das ergibt eine Studie der Unternehmensberatung Towers Perrin bei 6 000 Angestellten und Führungskräften in Nordamerika. Die Einstellung der Mitarbeiterinnen und Mitarbeiter hat sich erheblich geändert. Loyalität gegenüber dem Unternehmen ist nicht mehr so verbreitet wie noch vor wenigen Jahren. 44 Prozent der Befragten bezeichnen sich als stetige *Job Scanner*. Sie schauen regelmäßig, ob es attraktivere Optionen im Markt gibt.[3]

Führungskräfte lernen mehr

Der Wissensdurst von Managern wird immer größer. Die Umsätze der Weiterbildungsinstitute für Führungskräfte sind im vergangenen Jahr gestiegen. Der Trend geht zu weichen Themen wie Sozial- und Führungskompetenz. Vor allem die Nachfrage nach Seminaren und Methoden für Veränderungsprozesse im Unternehmen sind gestiegen – zum Beispiel Change Management und Organisationsentwicklung.[4]

Kaum mehr Kollegen über 50

In mehr als der Hälfte der deutschen Betriebe gibt es keine Beschäftigten, die älter als 50 Jahre sind. Dies ergab eine neue Untersuchung des Instituts für Arbeitsmarkt- und Berufsforschung (IAB) der Bundesanstalt für Arbeit. Nach der IAB-Studie haben rund 42 Prozent der deutschen Betriebe keine Erfahrung mit älteren Arbeitnehmern. Zwischen den alten und den neuen Bundesländern gebe es keine bedeutenden Unterschiede, wohl aber zwischen den einzelnen Wirtschaftszweigen und Betriebsgrößen.[5]

Führung und Führungsstile

Was bedeutet eigentlich Führung? Schaut man in ein beliebiges Lexikon, so findet man die Begriffe: lenken, verwalten, befehligen, an der Spitze stehen, vorstehen. Sie alle werden als Synonyme für *führen* angegeben. Wenn wir uns diese verschiedenen Umschreibungen zusammen denken, so nähern wir uns einer Definition von Führung an.

Führung ist demnach ein *Kommunikationsvorgang*, der sich zwischen zwei oder mehreren Personen abspielt und einem gemeinsamen Zweck dient. Das heißt, Führung beinhaltet zwischenmenschliches, methodisches und technisches Know-how. Auch das englische Wort *leadership* bedeutet nichts anderes, als Mitarbeiterinnen und Mitarbeiter für gemeinsame Ziele zu motivieren und anzuleiten. Innerhalb welcher Firma, Organisation oder Institution Menschen geführt werden, ist dabei absolut irrelevant, was auch die folgenden Aussagen meiner Interviewpartner bestätigen.

Was bedeutet für Sie Führung?

- »Führen ist für mich ein Begriff, der mit Anleiten zu tun hat, aber auch mit miteinander entwickeln und auch mit einer Art Vorarbeiter-Rolle. Ich führe konkret, indem ich Arbeitsfelder kreiere und festlege, die Aufgabengebiete auch abfrage, Ergebniskontrollen durchführe und mit meinen Mitarbeiterinnen Ideen auch gemeinsam entwickle.« (Manuela Feyder, Bildungswerk des Deutschen Journalistenverbandes)
- »Führen heißt auch immer, verschiedene Menschen zusammenführen können. Es ist eine Frage von Integration und Überblick. Letztendlich geht es um die Zusammenführung unterschiedlichster Aufgaben/Projekte zu einem konkreten Resultat.« (Sybille Fleischmann, Microsoft)
- »Führung ist für mich nicht im klassischen Sinne zu verstehen nach dem Motto: Der Chef befiehlt. Mitarbeiterinnen und Mitarbeiter müssen und sollen mitreden. Man selbst sollte als Führungskraft klare Richtlinien vorgeben und selbstverständlich eingreifen, wenn es nötig ist. Aber ansonsten gilt: Mitarbeiter integrieren, Meinungen abfragen und sie an Projekten tatsächlich auch beteiligen.« (Tobias Gärtner, Multimediaagentur *die argonauten*)

- »Ich führe nicht alleine. Wir sind ein Team von vier gleichberechtigten Partnern. Alles wird ständig weiterentwickelt und verbessert. Ich schaue, dass ich alles im Blick habe und ein bisschen der Knotenpunkt bin.« (Patrick Hammer, Internet-Community *grin.de*)
- »Führung ist für mich die Summe aller Maßnahmen, die eine Führungskraft im Umgang mit ihren Mitarbeitern trifft. Dazu zählen konkrete Zielvereinbarungen, aber auch Information, Kommunikation und Förderung. Im Endeffekt ist es die Anleitung einer Gruppe, um zu bestmöglichen Ergebnissen zu kommen.« (Stefan Lechner, Versicherungsunternehmen)
- »Führen besteht darin, das Potenzial von Mitarbeitern zu analysieren und einzuschätzen; die Mitarbeiter entsprechend ihrer Eignung und ihres Engagements zu fordern, ihnen das gebotene Maß an Eigenverantwortung zu überlassen, aber auch dann korrigierend einzugreifen, wenn etwas aus dem Ruder läuft.« (Dr. Bernd Plagemann, Siemens AG)
- »Nur wer sich selbst führt, kann andere führen. Führen hat für mich im Wesentlichen mit der eigenen Lebensführung zu tun. Achtsamkeit sich selbst und anderen gegenüber. Und im Job bedeutet dies, dass ich versuche, andere so anzuleiten, wie ich selbst behandelt werden möchte. Und das bedeutet: zuhören, andere beteiligen, sie eigenverantwortlich arbeiten lassen, aber trotzdem immer wieder auch für die Ergebniskontrolle sorgen.« (N. N.)
- »Führung bedeutet Anleitung zur Selbsthilfe. Die Führungskraft muss dabei dem Mitarbeiter klare Anweisungen geben, wobei manche Menschen mehr und intensivere Anleitungen brauchen als andere.« (N. N.)

Welche Führungsstile gibt es?

Führungsstile werden stets vom jeweils herrschenden Zeitgeist geprägt. Beispielsweise wurde vor 100 Jahren der europäische Unternehmer als autoritärer Herrscher über sein Firmenimperium dargestellt. Heutzutage preisen moderne Manager in offiziellen Verlautbarungen den Teamgeist und den kooperativen beziehungsweise situativen Führungsstil als Nonplusultra. Offenheit, Vertrauen, Transparenz, Selbstverantwortung und Selbstverwirklichung sind die Schlagworte des 21. Jahrhunderts.

Unabhängig davon, welche theoretischen Ansprüche in der Praxis tatsächlich gelebt werden, hat sich die heutige Arbeitswelt im Vergleich zur Industriegesellschaft des 19. Jahrhunderts erheblich gewandelt. Arbeitnehmer agieren vielfach nicht nur selbstbewusster; viele Berufstätige sind heute auch bereit, mehr Verantwortung für Aufgaben zu übernehmen, und achten sorgfältig darauf, wie *menschlich* das Betriebsklima ist, in dem sie arbeiten. Ein autoritärer Unternehmensfürst – auch wenn es ihn sicherlich auch heute noch geben mag – muss daher mit deutlicher Ablehnung rechnen, nicht selten mit baldiger Kündigung seiner Mitarbeiterinnen und Mitarbeiter.

Ein Blick in die Wirtschaftsliteratur zeigt: Führungsstile gibt es in unterschiedlichen Ausprägungen. Da einige Stile sich kaum voneinander abgrenzen, sollen hier nur die drei wichtigsten Kategorien skizziert werden. Diese Dreiteilung kann man vornehmen in:

- den autoritären Stil,
- den kooperativen Stil und
- den Laisser-faire-Stil.

Führungsstile im Überblick

Der autoritäre Stil

Die autoritäre Führungskraft legt Wert darauf, dass die Mitarbeiter Anweisungen befolgen. Mitdenken ist nicht nötig. Der Chef weiß, wo es langgehen soll. Je nach Charaktertyp ist die autoritäre Führungskraft entweder ein Patriarch, der mit Zuckerbrot und Peitsche regiert, oder ein strenger General mit militärischem Jargon. Selbstredend, dass dieser Stil auf einer strikt hierarchischen Unternehmensorganisation fußt. Allerdings sind heutzutage solche starren Regimentschaften kaum noch vorhanden.

Der kooperative Stil
Hier wird auf Zusammenarbeit großen Wert gelegt. Mitarbeiterinnen und Mitarbeiter werden nicht als Untergebene gesehen (wenn sie auch formal in der Hierarchie eine oder mehrere Stufen unter dem Topmanagement stehen). Sie agieren in Teams, ihre Ideen und Vorschläge werden eingefordert und gehört. Der/Die Vorgesetzte sieht sich als *Erster unter Gleichen* (Primus inter Pares), der gemeinsam mit seinem Team Lösungen für Probleme erarbeitet und für das Gesamtergebnis verantwortlich ist.

Der Laisser-faire-Stil
Führung im eigentlichen Sinne gibt es hier nicht. Die Mitarbeiterinnen und Mitarbeiter agieren als selbstständige Persönlichkeiten. Die Führungskraft verzichtet meist auf Richtungsvorgaben und lässt alles laufen, wie es läuft. Jeder und jede tut, was er oder sie für richtig erachtet.

Wie bereits erwähnt, sind Führungsstile niemals von der gesellschaftlichen Entwicklung zu trennen. Zu Beginn des 20. Jahrhunderts wies das Unternehmerbild stark autoritäre Züge auf. Die Satirezeitschrift *Simplicissimus* stellte den typischen Unternehmer als gut genährten, Zigarre rauchenden Chef dar, der erhobenen Hauptes durch seine Fabrikhallen schritt. Die Arbeiter hatten zu kuschen, und 14-Stunden-Tage zu Hungerlöhnen waren die Regel. Diese Zeit ist heute nur noch schwer vorstellbar.

In den westlichen Industrienationen sind Arbeitnehmer heutzutage sozial abgefedert, und viele Unternehmen bevorzugen – zumindest in öffentlichen Verlautbarungen – den kooperativen Führungsstil. Das bedeutet, dass Mitarbeiterinnen und Mitarbeiter mit ihren Führungskräften *gemeinsame Ziele* verfolgen und umsetzen. Dies geschieht im Idealfall durch Diskussion, dem Austausch von Argumenten, in einem Klima gegenseitigen Respekts. Eine Führungspersönlichkeit sollte sich daher immer wieder vor Augen führen, dass sie zwar eine brillante Fachkraft sein kann, aber wenn sie keine tragfähige Arbeitsbasis mit ihren Mitarbeiterinnen und Mitarbeitern findet, wird sie als Chef oder Chefin scheitern.

Situatives Führen

In den letzten Jahren etablierte sich in Fachkreisen der Begriff des *situativen Führens*. Er beinhaltet im Kern einen Führungsstil, der flexibel – aus einer Situation heraus – Entscheidungen trifft. Böse Zungen behaupten, dass es sich dabei um eine spontane, unüberlegte Angelegenheit handelt, bei der die Führungskraft »aus dem Bauch heraus« Entscheidungen trifft. Bei näherer Betrachtung ist dieser Stil jedoch ein differenziertes Führungsinstrument, das sich in der Praxis durchaus bewährt.

Niemand wird bestreiten, dass in zahlreichen Berufssituationen immer wiederkehrende Probleme auftauchen. Kluge Führungskräfte lernen im Laufe der Zeit, diese Probleme zu bewältigen. Ihre Erfahrungen aus der Praxis führen dazu, dass sie sich in diesen Situationen bewährter Verhaltensmuster bedienen. So weiß beispielsweise ein Verkaufsleiter, wie er einem geschwätzigen Kunden am Telefon begegnen muss, um mit ihm ein erfolgreiches Gespräch führen zu können.

Hier setzt situatives Führen an: Es vertraut darauf, dass im Führungsalltag Erfahrungswissen bei Problemstellungen aller Art *gedanklich abgerufen* werden kann. Passives Wissen kann dadurch fast nahtlos in aktives Tun umgesetzt werden, wenn beispielsweise technische Probleme bei einem wichtigem Projekt überraschend auftauchen. Die Art und Weise, wie die Führungskraft das Problem angeht und mit seinen Mitarbeiterinnen und Mitarbeitern kommuniziert, kann situativ sehr unterschiedlich sein. Unter Zeitdruck – wenn es brennt – kann eine rasche, autoritäre Entscheidung (beispielsweise: Das Projekt wird einem anderen Mitarbeiter übertragen) ebenso situativ richtig sein wie ein kooperativer Stil, wo zunächst anhand vieler Diskussionen versucht wird, die Ursache für das Problem zu finden. Situatives Führen setzt Sachverstand, Analysefähigkeit, Einfühlungsvermögen und auch die Fähigkeit zur konstruktiven Kritik voraus. Je flexibler Führungskräfte auf unterschiedliche Problemlagen reagieren können, desto besser führen sie auch situativ.

Führung neu denken

Es gibt aber auch Experten, denen die herkömmlichen Führungsbegriffe nicht mehr genügen. Managementautoren wie Reinhard K. Sprenger sind der Überzeugung, dass in Zeiten des digitalen Kapitalismus auch Führung neu gedacht werden muss. Sicherheitsdenken ist out; die Zukunft heißt Unsicherheit – und zwar in materieller als auch in immaterieller Hinsicht. Der globale Wettbewerb wird sich noch verschärfen, wodurch auch der Innovationsdruck steigen wird mit der Folge, dass vermehrt dezentrale Arbeitsformen eingesetzt werden.

Führungskräfte müssen in der Lage sein, eine Schar exzellenter Spezialisten um sich zu scharen und diese von Projekt zu Projekt zu führen. Gleichzeitig müssen sie als eine Art *Störungskraft* wirken, die das Unternehmen und die Mitarbeiter auf Veränderungen vorbereitet. Wer den Begriff Change Management (Veränderungsmanagement) wirklich ernst nimmt, muss den Mitarbeitern ihre Sicherheitsillusionen nehmen und ihnen Irritationen und Unsicherheiten zumuten (siehe dazu im Anhang *Internetlinks*: www.changeX.de).

Unabhängig von der aktuellen theoretischen Debatte über Führungsstile im 21. Jahrhundert sollten junge Führungskräfte jedoch eines nicht vergessen: Wer eine Führungsposition einnimmt, agiert nicht im luftleeren Raum. Wenn die Position nicht gerade neu geschaffen wurde, gab es immer Vorgänger oder Vorgängerinnen, die mit ihrem jeweils eigenen Stil das Unternehmen und die Mitarbeiter geprägt haben.

Tipp

Hüten Sie sich als Führungskraft davor, den Stil anderer zu kopieren. Sie sind ein eigenständiges Individuum. Versuchen Sie stattdessen, Ihre Mitarbeiterinnen und Mitarbeiter kennen zu lernen, um deren Stärken und Schwächen zu erfahren. Denn nur mit diesem Wissen sind Sie in der Lage, sie optimal bei laufenden oder künftigen Projekten und Aufgaben einzusetzen. Vergegenwärtigen Sie sich, dass jede Führungsrolle zuerst einmal akzeptiert werden muss – sowohl von Ihnen selbst als auch von Kollegen und Mitarbeitern. Verzichten Sie auf vollmundige Versprechungen (»Alles wird nun besser«) und konzentrieren Sie sich auf die neuen Sachaufgaben. Wenn Skepsis und Widerstand auftreten, dann sprechen Sie den Umstand offen an – sowohl im Team als auch in Einzelgesprächen.

Anforderungen an Führungskräfte

Was wird heute eigentlich von Führungskräften erwartet? Und welche Eigenschaften zeichnen sie aus? Gebetsmühlenartig weisen Wirtschaftsexperten auf Fähigkeiten wie fachliche und soziale Kompetenzen, ganzheitliches Erfassen von Zusammenhängen, vernetztes und kreatives Denken, Motivations- und Begeisterungsfähigkeit, Entschlusskraft, Unabhängigkeit und Unbestechlichkeit hin.

Wie so oft, so zeigt sich auch hier ein eklatanter Widerspruch zwischen Theorie und Praxis. Die Stichworte in den Medien lauten dazu: Wirtschaftskriminalität, Korruption, Steuerhinterziehung, Insolvenzverfahren, Firmenpleiten – Spitzenmanager erfüllen häufig nicht die Anforderungen, die an sie gestellt werden. Drastisch ausgedrückt: Die *Nieten in Nadelstreifen* (so ein bekannter Buchtitel) werden von Management-Gurus für teures

Geld in die Philosophie des Führens eingeweiht. Dort machen Worthülsen wie *Win-Win-Lösungen* oder *Cultural Change* die Runde, gefolgt von platitudenhaften Ratschlägen wie »Sie können alles erreichen, wenn Sie es nur wollen« oder »Umarme Deine Angst«.

Die *SZ*-Redakteurin Dagmar Deckstein hat in einer Wirtschaftskolumne mit dem Titel *Alter Wein und neue Schläuche*[6] auf einen Vortrag von Dr. Alfred Herrhausen hingewiesen. Der frühere Vorstandssprecher der Deutschen Bank, der 1989 einem Terroranschlag zum Opfer fiel, hielt im November 1972 (!) eine Rede über das *Persönlichkeitsprofil eines Spitzenmanagers*. Selbstvertrauen, vielseitiges Wissen und Entschlusskraft seien in Wahrheit nur Klischees – so der damalige Topmanager Herrhausen. Das Entscheidende sei die geistige Haltung der Führungskraft und die kritische Distanz zur eigenen Person. Im Zuge weltweiter Veränderungsprozesse (heute würde man von Globalisierung sprechen) seien Spitzenmanager erforderlich, die ständig dazulernen wollen und können sowie mit Optimismus und Humor eine Arbeitsatmosphäre schaffen, die der Kreativität der Mitarbeiter förderlich ist. Zugegebenermaßen – so Herrhausen – müssten Manager, die über alle diese Fähigkeiten verfügen, eine Art *Supermensch* sein. Aber solche idealtypischen Anforderungsprofile seien nötig, damit eine Führungskraft überhaupt wüsste, wonach sie streben sollte.

Diese Anregungen sind nach fast 30 Jahren aktueller denn je. Es ist zu hoffen, dass gerade junge Führungskräfte nicht nur ein Augenmerk auf das Anforderungsprofil ihrer Mitarbeiterinnen und Mitarbeiter legen, sondern auch auf ihr eigenes. Dazu sollte jede Führungskraft einen persönlichen *Entwicklungsplan* erstellen und in regelmäßigen Abständen überprüfen. Sinnvollerweise sollten diese Entwicklungsschritte schriftlich fixiert werden; als Beispiel kann das folgendes Muster dienen.

Checkliste

**Mein persönlicher Entwicklungsplan für den Zeitraum
Januar bis Dezember**

Meine Stärken als Führungskraft, die ich behalten und ausbauen möchte:

_____

_____

_____

_____

Meine Schwächen als Führungskraft, die ich abbauen möchte:

_____

_____

_____

_____

Meine Pläne und Vorsätze dazu sind:

_____

_____

_____

_____

_____

Bei der Umsetzung meiner Vorsätze helfen mir:
Welche Personen?

_____

_____

_____

Welche Weiterbildungsmaßnahmen?

_____

_____

_____

_____

Welche Literatur/welche theoretischen Modelle?

Führen Frauen anders?

Gute Führung hat grundsätzlich nichts mit dem Geschlecht der Führungskraft zu tun. Diese Position ist den Aussagen der interviewten Personen zu entnehmen. »Führung hat mit dem einzelnen Menschen zu tun. Jedes Individuum führt anders, auch aufgrund der Erfahrungswelt, in die es hineingeboren und erzogen wurde«, so Manuela Feyder. Und auch Stefan Lechner ergänzt: »Die Führungsstile von Frauen und Männern unterscheiden sich grundsätzlich nicht. Vielleicht reagieren Frauen auf manche Belange der Mitarbeiter etwas sensibler, aber daraus eine große Differenz abzuleiten, erscheint mir schwierig.« Entscheidend ist vielmehr, dass die Führungskräfte gerne mit Menschen zusammenarbeiten. Man muss Menschen mögen – so das allgemeine Fazit. Auch neuere wissenschaftliche Studien belegen, dass der Führungsstil weniger vom Geschlecht der Führungskraft beeinflusst ist, als häufig angenommen wird.

Gertraude Krell, Professorin für Personalpolitik an der FU Berlin, weist darauf hin, dass empirische Studien *nicht* nachweisen konnten, dass Frauen besser führen. Festgestellt wurde, dass die üblichen Managementaufgaben in Toppositionen von Frauen genauso gut erfüllt wurden wie von Männern. Allerdings wurden typische *Geschlechterfallen* entdeckt. So wurde nachgewiesen, dass weibliche Führungskräfte verstärkt für ein humanes und sozialverträgliches Betriebsklima verantwortlich gemacht werden. Die weitläufige Auffassung, dass Frauen »von Natur aus« ein besseres soziales Händchen im Umgang mit Menschen beweisen, gerät so zum gefährlichen Bumerang für Managerinnen, die diese Erwartungen nicht erfüllen können. Statt der Konzentration auf vermeintlich weibliche Führungseigenschaften setzt Prof. Krell sich für *einheitliche Beurteilungskriterien* ein, die sich an konkreten Leistungen und nicht an vermeintlichen Geschlechtsspezifika orientieren.

Es ist jedoch nicht von der Hand zu weisen, dass Frauen in Führungspositionen eine eher seltene Spezies sind. Je größer ein Unternehmen, desto dünner die Luft für weibliche Führungskräfte – egal, ob es sich dabei um Firmen der Old oder der New Economy handelt. Die Gründe dafür sind vielfältig:

- Dass Frauen selten auf einem Chefsessel sitzen, liegt nicht unbedingt daran, dass Männer in Machtpositionen bewusst gegen Frauen intervenieren. Nicht jede Benachteiligung von Frauen ist eine gezielte Diskriminierung. Nichtstun ist völlig ausreichend, um den bisherigen Zustand aufrechtzuerhalten. Eine aktive Förderung von Frauen für Führungspositionen findet selten statt.
- Männer verfügen über gut funktionierende Seilschaften (so genannte Old Boys Networks) und vermitteln sich oft gegenseitig in interessante Führungspositionen. Effiziente Netzwerke für Frauen gibt es bisher noch wenige.
- Viele Frauen wollen heute Familie und Beruf miteinander verbinden. Sie verzichten dabei oft freiwillig auf eine gezielte Berufsplanung und eine eigene Karriere. Nach der Familienpause bevorzugen sie häufig Teilzeitarbeitsplätze. Toppositionen sind jedoch fast ausschließlich Vollzeitstellen und gelten daher für viele Frauen als unvereinbar mit ihrem Familienwunsch.
- Alte Rollenbilder bleiben lange in den Köpfen verhaftet. Die meisten Menschen neigen dazu, vergleichbares Verhalten geschlechtsspezifisch und damit häufig unterschiedlich zu interpretieren. Die bestehenden stereotypen Vorstellungen über das Geschlechterverhalten führen zu zahlreichen Klischees und verfehlen ihre Wirkung nicht. Beispiele: »Frauen sind emotional und intuitionsgeleitet; daher sind sie für Führungspositionen nicht geeignet« oder »Frauen können überhaupt nicht führen«.
- Frauen zweifeln häufiger an sich selbst als Männer – zumindest zeigen sie Zweifel oder Unsicherheit auch öffentlich. Entsprechend perfekt möchten sie ihre Führungsrolle erfüllen mit der

Folge, dass sie diese Herausforderung erst gar nicht annehmen. Wenn sie sich dennoch für eine Führungsposition entscheiden, dann glauben sie, dass sie ihre Führungsqualitäten ständig beweisen müssen. Forschungsergebnissen zufolge arrangieren sich männliche Vorgesetzte wesentlich selbstbewusster mit ihrer Leitungsposition.

Als Fazit bleibt festzuhalten: Beide Geschlechter – Frauen und Männer – sind für Führungspositionen geeignet. Frauen wird jedoch aus vielerlei Gründen der Einstieg ins Topmanagement schwer gemacht (Familienpolitik, männliche Verhinderungsstrategien, alte Rollenbilder und anderes mehr). Gleichstellung ist jedoch kein Thema, das ausschließlich Frauen betrifft. Gleichstellung ist eine gesellschaftspolitische Aufgabe. Im Artikel 3, Absatz 2 unseres Grundgesetzes heißt es dazu: »Männer und Frauen sind gleichberechtigt. Der Staat fördert die tatsächliche Durchsetzung der Gleichberechtigung von Frauen und Männern und wirkt auf die Beseitigung bestehender Nachteile hin.«

Deshalb sind staatliche Regelungen notwendig, damit die Chancengleichheit von Mann und Frau nicht nur Thema vieler Sonntagsreden bleibt, sondern auch in der Praxis umgesetzt wird. Erfolgversprechende Maßnahmen müssen auf drei Ebenen erfolgen: im gesellschaftspolitischen Umfeld, in den jeweiligen Unternehmen und bei den Frauen und Männern selbst. Hierbei ist vor allem eine *langfristige Einstellungsveränderung* wichtig. Dazu gehört die Reflexion von Rollenbildern, Werten, Vorurteilen, Ritualen und Normen. Auch in der Wirtschaft wurde dies erkannt. Immer mehr Firmen versuchen, in ihren Unternehmensleitbildern und durch Förderprogramme, Chancengleichheit konkret umzusetzen.

Instrumente moderner Personalentwicklung

Coaching

In den letzten Jahren hat sich ein neuer Begriff im Berufsleben etabliert: Coaching. Davor überwiegend als Terminus im sportlichen

Sektor bekannt (Coach = Trainer für die körperliche und mentale Fitness eines Sportlers), hat er sich mittlerweile zu einem viel beachteten Managementinstrument entwickelt. Coaching umfasst die Beratung und Betreuung von Führungskräften bei berufsbezogenen Fragen und Problemen.

Für manche Menschen ist vielleicht die Vorstellung befremdend, dass eine Führungskraft Hilfestellungen benötigt. Schließlich wird bei einer Person in einer exponierten beruflichen Position Entscheidungsfähigkeit, fachliches Know-how und Menschenkenntnis vorausgesetzt. Jedoch tun sich auch viele Führungskräfte selbst nicht immer leicht mit dem Gang zum Coach. Auch sie gestehen nur ungern ein, dass sie sich in bestimmten Situationen hilflos fühlen und keine Lösung wissen. Coaching ist jedoch mehr als eine Beratung; aber es ist nicht zu verwechseln mit einer Therapie. Daher soll hier in Kürze verdeutlicht werden, was unter Coaching zu verstehen ist.

Beratung ist ein allgemein gebräuchlicher Ausdruck für einen Rat und eine Auskunftserteilung zu bestimmten Fragen oder Themen (zum Beispiel Beratung bei Trennung und Scheidung).

Coaching ist eine spezielle Form der Beratung im Arbeitsleben. Es ist zeitlich befristet und bezieht sich auf berufsspezifische Fragestellungen.

Therapie ist ein medizinischer Begriff und bedeutet Heilbehandlung, Krankenbehandlung. Therapeutische Fragestellungen kreisen häufig um private Probleme, Störungen und Unsicherheiten und umfassen in der Regel einen längeren Behandlungszeitraum.

Zusammenfassend lässt sich sagen, dass Coaching eine thematisch (Fragen des Berufslebens) eingegrenzte Gesprächsform ist, die innerhalb einer bestimmten Zeitspanne (zum Beispiel zehn Einheiten à 60 oder 90 Minuten) die gecoachte Person dazu befähigen soll, eigene Lösungsansätze für ein bestimmtes Problem zu entwickeln.

Die Aufgabe des internen oder externen Coachs besteht dabei vor allem darin, Klärungsprozesse zu initiieren (Hilfe zur Selbsthilfe). »Ein guter Coach gibt keinen Fisch, er lehrt fischen«, so die Aussage eines Kenners. So einleuchtend Coaching als Hilfsangebot auf den ersten Blick auch sein mag, es zeigt sich in der Praxis, dass je nach Sichtweise der Betroffenen damit unterschiedliche Erwartungen verknüpft werden.

- *Coaching aus Unternehmens-Sicht* ist eine Maßnahme der Personalentwicklung. Einerseits geht es darum, Führungskräfte zu Coachs ihrer Mitarbeiter auszubilden, zum Beispiel durch Seminare zur Mitarbeiterführung. Andererseits soll eine Zusammenarbeit zwischen Führungskräften und einem externen Berater neue Impulse und gezielte Weiterbildung bewirken.
- *Coaching aus Mitarbeiter-Sicht* ist vor allem eine besondere Form des Mitarbeitergesprächs, wie beispielsweise das Beurteilungsgespräch. Viele Mitarbeiterinnen und Mitarbeiter wünschen sich Hilfe und Unterstützung von ihren Vorgesetzten bei der Bewältigung schwieriger Aufgaben. Die Praxis zeigt jedoch, wie schwer es Führungskräften häufig fällt, konstruktiv und offen mit den jeweiligen Mitarbeitern zu kommunizieren und sich als Coach zu erweisen.
- *Coaching aus Vorgesetzten-Sicht* ist Klärungshilfe (meist) unter vier Augen. Offene Kommunikation ist eine wichtige Voraussetzung, damit sich ein Vorgesetzter als Coach seiner Mitarbeiter erweisen kann. Dazu ist jedoch eine gezielte Weiterbildung nötig. Professionelle Unterstützung kann hier ein externer Coach bieten, der die Führungskraft in die Kunst des Coachings einführt.

Coaching-Kompetenzen und Coaching-Prozess

Welche Fähigkeiten benötigt nun ein Coach, um professionell beraten zu können? Berater agieren ähnlich wie Moderatoren, die Prozesse beobachten, analysieren und begleiten. Ihre Beratungsarbeit beruht vor allem darauf, Rat suchende zur Selbstreflexion anzuregen, damit diese zu eigenen Problemlösungen befähigt werden. Vereinfacht ausgedrückt: Ein Coach ist ein Kommunikationsexperte, der die Kunst der Fragestellung und des Feedbacks beherrscht. Er verfügt darüber hinaus über ein breites Wissen von Maßnahmen und Instrumentarien bezüglich beruflicher Problemlagen. Ein professioneller Coach ist zudem in der Lage, geeignete Strukturen und entsprechende Vertragsvereinbarungen zu entwickeln. Es gehört zu den regelmäßigen Aufgaben eines Coachs, eine dem Rat Suchenden gemäße Beratungsform zu schaffen, die dessen Anliegen möglichst optimal erfüllt.

Coaching als Prozess sollte so gestaltet werden, dass es sich gut in die Lebens- und Arbeitsweise des Rat Suchenden integrieren lässt. Die Häufigkeit der Kontakte und die Dauer des Prozesses sind abhängig von der Problemlage und den Bedürfnissen der gecoachten Persönlichkeit. Die wichtigsten Schritte sind in der nachfolgenden Übersicht zusammengefasst.

Ablauf eines Coaching-Prozesses

* Kennenlernen der Coaching-Partner und Abstimmung der Rahmenbedingungen und Zielvereinbarungen (vertragliche Regelungen der Zusammenarbeit);
* Problemanalyse vornehmen: Um welche berufliche Problemlage geht es? Dies geschieht in verschiedenen Gesprächseinheiten, wobei der/die Coach mit unterschiedlichen Kommunikationswerkzeugen arbeitet (Fragestellungen, Checklisten, Zielanalysen, Kreativmethoden);
* verschiedene Lösungsmöglichkeiten diskutieren, wobei im Idealfall die gecoachte Person individuell geeignete Vorgehensweisen und Maßnahmen findet und umsetzt;
* Kontrolle und Überprüfung dieser Maßnahmen vereinbaren, Reflexion von Widerständen, die eventuell den Erfolg verhindern bzw. hinauszögern;
* Coaching beenden. Wenn der gewünschte Zustand erreicht ist (das kann die konkrete Lösung des Problems

oder ein messbarer Erfolg sein), wird in der Regel die Zusammenarbeit bilanziert. Der berufliche Kontakt zwischen Coach und gecoachter Person wird beendet und damit auch die gegenseitigen Vertragsverpflichtungen.

Übrigens: Um einen guten Coach zu finden, sucht man oft vergeblich im Branchenbuch oder im Internet. Besser sind die folgenden Quellen:

- persönliche Empfehlungen durch Bekannte;
- Empfehlungen der Personalabteilungen, die mit unterschiedlichen Coachs in Kontakt sind;
- Adressen von professionellen Anbietern mit langjähriger Erfahrung (siehe dazu Fachzeitschriften wie *Personalführung*, *wirtschaft & weiterbildung*).

Und vergessen Sie nicht den berühmten *Nasenfaktor*. Ein Coach muss professionell sein. Aber er muss Ihnen auch sympathisch sein. Denn stimmt die »Chemie« zwischen Coach und Coachee nicht, so ist jedes Coaching zum Scheitern verurteilt.

Mentoring

Der Begriff Mentoring hat seinen Ursprung in der antiken, griechischen Mythologie. Mentor hieß ein enger Freund des sagenumwobenen Odysseus. Er hatte die Aufgabe, sich um Odysseus' Sohn Telemach zu kümmern, während der Vater sich auf langen Reisen befand. Seither wird unter Mentoring ein Lehrer-Schüler-Verhältnis bezeichnet, das in jüngster Zeit als wirkungsvolles Instrument zur Nachwuchsförderung erkannt und entsprechend eingesetzt wird.

Experten weisen darauf hin, dass im modernen Arbeitsleben jungen Führungskräften kaum noch die Zeit gelassen wird, in eine Position hineinzuwachsen. Im Gegenteil: Von Führungskräften wird erwartet, dass sie sofort »funktionieren«. Hier setzt Mentoring an. Im Kern beinhaltet Mentoring die Betreuung einer jungen durch eine erfahrene Führungskraft. Der Mentor dient dem oder der Mentee als Berater und Unterstützer in beruflichen Fragen. Ziel ist es, im Unternehmen das vorhandene Wissen zu bündeln und weiterzugeben. Eine erfahrene Führungskraft – entweder noch im Unternehmen tätig oder bereits aus dem Arbeitsleben ausgeschieden – steht den jüngeren Kollegen oder Kolleginnen mit ihrem Know-how aus einem langjährigen Berufsleben zur Verfügung.

Dabei kann es um unterschiedliche Fragestellungen gehen, beispielsweise:

• Wie kann sich der Mentee auf die vor ihm liegenden Aufgaben vorbereiten?
• Welche persönlichen Stärken können in welchen Projekten genutzt werden?
• Wie lassen sich Mitarbeiterinnen und Mitarbeiter führen und motivieren?
• Welche Weiterbildungsmaßnahmen sind sinnvoll?

In der Regel wendet sich Mentoring als Nachwuchsförderung generell an Männer und Frauen. Dennoch haben sich in den letzten Jahren spezielle *Mentoring-Programme für Frauen* etabliert. Es geht hier um die Erhöhung des Frauenanteils in Führungspositionen. Untersuchungen zeigen, dass nach wie vor mehr Männer zur Besetzung höherer Managementpositionen vorgeschlagen werden. Qualifizierte Frauen werden oft – aus welchen Gründen auch immer – bei Stellenbesetzungen übergangen. Hier kann Mentoring helfen, blinde Flecken im Unternehmen aufzudecken und das Potenzial an weiblichem Nachwuchs gezielter als bisher in Führungspositionen einfließen zu lassen.

Mentoring als aktiver Bestandteil moderner Personalentwicklung wird in der Praxis von weiblichen und männlichen Nachwuchskräften als Hilfestellung genutzt. Sie sehen im Mentoring die Chance, ihre Selbsteinschätzung mit einer erfahrenen Person zu reflektieren und konkrete berufliche Problemstellungen zu bearbeiten. Ein vertrauensvoller Austausch zwischen Mentor und Mentee kann jedoch – wie im Coaching auch – nur dann funktionieren, wenn sich beide Partner an vereinbarte Rahmenbedingungen halten. Dazu gehören regelmäßige Treffen und das Einhalten von Diskretionsregeln.

Grundregeln des Mentoring

Auswahl des Mentors

Ein Mentor ist in der Regel eine Führungskraft, die mindestens eine, oft gar zwei bis drei Hierarchiestufen über dem Mentee steht. Er sollte über eine langjährige Berufspraxis und vielfältige Erfahrungen im Bereich Mitarbeiterführung verfügen.

Rollenvorbereitung

Da Mentor und Mentee partnerschaftlich zusammenarbeiten, ist es wichtig, dass sich beide auf ihre jeweilige Rolle vorbereiten und diese bewusst annehmen. Ein Mentor dient als Berater, Förderer und Kritiker. Eine Nachwuchskraft hat den Wunsch, bei ihrer Karriereplanung einen fundierten Ratgeber an der Seite zu haben. Dies kann nur gelingen, wenn beide Seiten Verständnis, Interesse und Offenheit für die Rolle des jeweils anderen mitbringen. Und nicht zu vergessen: Die Chemie zwischen beiden muss stimmen!

Ziel- und Terminvereinbarung

Mentoring-Programme machen nur Sinn, wenn sie in der Unternehmenskultur verankert sind. Das Unternehmen sollte sich daher nicht scheuen, die Belegschaft über den Sinn und die Zielsetzung dieser Programme zu informieren und die Namen der Beteiligten zu nennen – etwa im Rahmen einer Auftaktveranstaltung. Die jeweiligen Mentoring-Paare müssen ihrerseits definieren, was sie am Ende der Partnerschaft erreichen wollen (Evaluierung). Dazu gehören klare Ziele und ein fester Zeitrahmen. In der Regel haben Mentoring-Programme einen Zeitrahmen von sechs Monaten bis zu zwei Jahren. Die zeitliche Begrenzung soll sicherstellen, dass die Nachwuchskraft danach auf selbstständigen, unabhängigen Beinen steht.

Optionale Elemente

Mentorschaften orientieren sich stets an den individuellen Bedürfnissen und Möglichkeiten der Beteiligten. Daher können Mentoring-Programme mit unterschiedlichen Elementen operieren. So kann es beispielsweise sinnvoll sein, dass der Mentee an ausgewählten Besprechungen des Mentors teilnimmt, um Führungsverhalten und interne Unternehmensstrukturen besser kennen zu lernen. Auch die Beratung in Weiterbildungsfragen oder ein intensiver Austausch per E-Mail können ergänzende Elemente einer persönlichen Mentor-Partnerschaft sein.

Coaching und Mentoring sind Formen aktiver Personalentwicklung. Beide dienen der Unterstützung und Förderung von Mitarbeitern und Führungskräften bei *beruflichen* Aufgabenstellungen. Hier werden auch die Grenzen dieser Beratungsformen deutlich: Schwierige oder krankhafte persönliche Probleme sind durch diese Instrumente moderner Unternehmenspolitik nicht zu lösen. Coachs oder Mentoren sollten nicht den Fehler begehen, Therapieversuche bei schwierigen Persönlichkeiten zu unternehmen. Dies trifft vor allem auf Suchtkrankheiten (zum Beispiel Alkoholismus, Tablettensucht) oder psychiatrische Erkrankungen zu. Auch Spiel- oder Kaufsucht sollten Signale sein, sich an externe Beratungsstellen, Psychotherapeuten oder Ärzte zu wenden. Ein Coach oder ein Mentor kann diese Probleme zwar offen legen, therapeutische Maßnahmen muss der/die Betroffene jedoch selbst in Angriff nehmen.

Coaching und Mentoring: Gemeinsamkeiten und Unterschiede

Gemeinsamkeiten

Beide bieten Beratung und Unterstützung bei beruflichen Fragen.

Das Motto lautet jeweils: Hilfe zur Selbsthilfe; jedes berufliche Problem kann durch Coaching- oder Mentoring-Maßnahmen begleitet werden.

Unterschiede

Ein Coach ist häufig ein externer Berater; ein Mentor meist ein interner.

Mentoring konzentriert sich auf Nachwuchs- und Frauenförderung im Sinne gezielter Karriere.

Der Stellenwert von Rhetorik und Kommunikation

Rhetorik und Kommunikation werden im Sprachgebrauch häufig synonym verwendet. Allerdings gibt es erhebliche Unterschiede, ob jemand *vor* anderen Menschen spricht oder *mit* ihnen kommuniziert.

Rhetorik

Aus der Antike wissen wir, dass die Griechen den Begriff *Rhetorik* als die *Kunst, gut zu sprechen* (ars bene dicendi) definierten. Berühmte Rhetoriker der damaligen Zeit besaßen eigene Redeschulen, um junge Männer in diese Kunst einzuführen (Frauen war damals der Zugang zum öffentlichen Leben verboten). Es bestand kein Zweifel daran, dass nur theoretische Studien und praktische Übung aus einem Schüler einen begabten, öffentlichen Rhetor machen konnten.

Ein Rhetor wurde darin geschult, seine Hörer

- zu *belehren* und durch geschickte Argumentation aufzuklären,
- zu *motivieren* durch den geschickten Aufbau seiner Rede und
- zu *ergötzen* durch die Art und Weise seines Auftretens.

Auch im 21. Jahrhundert hat diese Aufteilung nichts an Bedeutung eingebüßt. Zwar dienen in der heutigen Zeit andere politische, wirtschaftliche und soziale Themen als Grundstoff vieler Reden, doch heute wie damals werden Menschen bewundert, wenn sie die Redekunst perfekt beherrschen. Wer vor einer Gruppe redet und seine Zuhörer begeistern kann, weiß, dass die Wirkung seiner Worte nicht allein vom Inhalt abhängt. Wie jemand nonverbal agiert und wie jemand etwas ausdrückt ist mindestens so entscheidend wie die Wortwahl.

Info

Typische Fehler, die Sie beim Sprechen vor Publikum vermeiden sollten:

- Sie sprechen zu lange über ein Thema. Eine Rede ist jedoch kein Schriftstück. Man sollte sich kurz fassen und das Thema pointiert darstellen.
- Sie sprechen ohne Begeisterung und Engagement zur Sache. Die Folge davon ist, dass sich das Publikum langweilt.
- Sie haben keinen oder zu wenig Blickkontakt mit Ihrem Publikum.
- Sie lesen das Manuskript ab, statt mithilfe von Stichworten frei zu sprechen.
- Sie sprechen zu laut, zu leise, zu schnell, zu monoton oder zu langsam.
- Sie setzen sich zu wenig mit dem Publikum auseinander; Sie können deshalb das Thema weder zielgruppengemäß noch fachlich vermitteln.

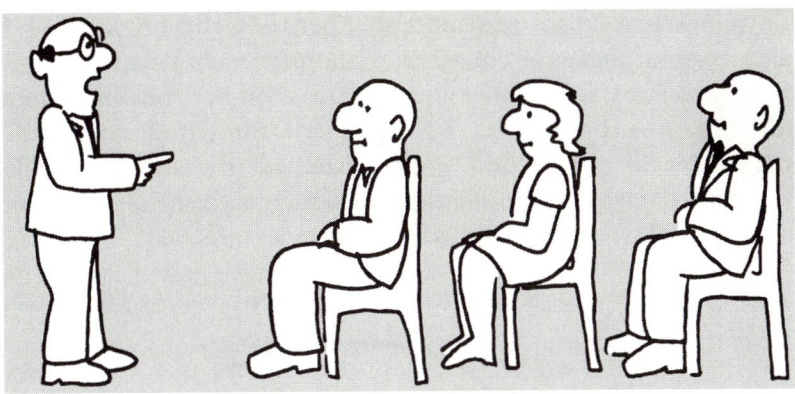

Abbildung 1:
Rhetorik: Reden vor einer Gruppe – Monolog

Damit man einer Rede folgen kann, müssen Worte so gewählt werden, dass sie dem Zuhörer als Geländer dienen, an dem er sich entlang bewegen kann. Gute Rednerinnen und Redner wissen, dass es neben einer überzeugenden Argumentation vor allem darum geht, das Publikum psychologisch zu beeinflussen und glaubwürdig zu erscheinen. Affekte und Gesinnungen nur vorzutäuschen, erweist sich in den meisten Fällen als Fehlschuss. Um authentisch zu wirken, müssen nicht nur die Inhalte stimmig sein, sondern die Ausstrahlung des Vortragenden insgesamt ist für den Erfolg seiner Rede verantwortlich.

Kommunikation

Im Gegensatz zur Rhetorik ist Kommunikation eine interaktive Angelegenheit. Der Begriff *Kommunikation* – abgeleitet vom lateinischen Wort *communicare* (mitteilen, sich verständigen) – bezeichnet die Gesamtheit aller Informationen auf verbaler wie nonverbaler Ebene, die zwischen zwei oder mehreren Menschen ausgetauscht werden. Kommunikation ist im Unterschied zu Rhetorik kein Monolog, sondern ein Dialog.

Lange Zeit hat sich die Kommunikationsforschung vorwiegend

an technischen Prozessen (Rundfunk, Funkverkehr) orientiert und die Übermittlungswege einer Nachricht untersucht. Man ging einfach davon aus: Der Sender einer Information hat eine bestimmte Idee oder Absicht, die er dem Empfänger vermittelt; dieser schlüsselt die Nachricht auf und erkennt ihre Bedeutung. Mittlerweile wissen wir, dass Kommunikation ein vielschichtiger Prozess ist, in dem auch persönliche und soziale Faktoren einfließen (siehe dazu

Abbildung 2:
Kommunikation: Gespräch zwischen zwei und mehreren Personen – Dialog

Kapitel 2). Die Botschaften, die eine Nachricht enthält, sind komplex und nicht immer einfach zu durchschauen. Dies ist eine wesentliche Ursache dafür, dass Kommunikationsprozesse häufig als schwierig und anstrengend erlebt werden.

Nicht umsonst heißt es:

- Gesagt bedeutet nicht zwingend gehört.
- Gehört bedeutet nicht zwingend verstanden.
- Verstanden bedeutet nicht zwingend einverstanden.
- Einverstanden bedeutet noch lange nicht angewendet.
- Angewendet bedeutet noch lange nicht behalten.

Junge Führungskräfte benötigen sowohl Kenntnisse über Rhetorik als auch über Kommunikation. Sie sollten gute Reden oder Vorträge halten können, aber auch im Team gut kommunizieren können. Wer darin nicht geschult ist, sollte dringend die Hilfe von Profis suchen (Mentoren, Coachs, Kommunikationstrainer). Denn Führungskräfte ohne kommunikative und rhetorische Kompetenzen werden in der heutigen Arbeitswelt scheitern, und ihnen sind weitere Karrieremöglichkeiten verschlossen.

Kommunikation als Führungsaufgabe

Fakt ist: Kommunikation ist eine der gefragtesten Schlüsselqualifikationen der modernen Arbeitswelt. Daher sollten Führungskräfte auch per Wort führen können. Wie bereits erwähnt wurde, definieren Lexika *führen* als Synonym für *lenken* oder *befehligen*. Das Wort *führen* beinhaltet jedoch darüber hinaus viele Begriffe wie kommunizieren, Entscheidungen treffen, Mitarbeiterinnen und Mitarbeiter motivieren, konstruktiv kritisieren, Richtlinien vorgeben, delegieren und vieles mehr. Die heutige Führungskraft soll also Berater, Motivator, Moderator und Coach, Manager, Teamleiter, Visionär, Dienstleister und Marketingexperte mit betriebswissenschaftlichem Know-how sein. Kein Wunder, dass manchem dazu das Bild einer *Eier legenden Wollmilchsau* einfällt.

Dennoch sollte für Führungskräfte aller Branchen gelten: Zwischen Theorie und Praxis müssen nicht zwangsläufig große Lücken klaffen. Eine Führungskraft in heutigen Tagen muss wissen, dass führen nicht heißt, jederzeit alles besser zu wissen. Führung bedeutet, gemeinsam Überlegungen anzustoßen, wie Dinge zu verbessern sind. Führung bedeutet, das Wissen von Menschen zu bündeln und zu nutzen. Um dies zu erreichen, ist jedoch ein offenes Gesprächsklima zwischen Chef beziehungsweise Chefin und Mitarbeitern die wichtigste Voraussetzung. So sollten Vorgesetzte konstruktive Kritik gegenüber Mitarbeiterinnen und Mitarbeitern äußern, umgekehrt jedoch selbst empfänglich für Kritik und Anregungen sein.

Die Realität scheint davon allerdings noch weit entfernt zu sein. Eine Studie der Universität Hamburg im Jahre 2000 hat ergeben, dass Deutschlands Manager zwar auf Teamarbeit schwören, selbst jedoch nach dem Motto verfahren »Teamarbeit ist, wenn alle dasselbe wollen wie ich«. In dieser Studie wurden 637 Fach- und Führungskräfte nach dem Verhalten ihrer jeweiligen Vorgesetzten befragt.[7] Das Ergebnis ist ernüchternd:

- 74 Prozent der Befragten gaben an, dass ihre Vorgesetzten nicht motivieren.
- 64 Prozent gaben an, dass ihre Vorgesetzten nicht kritikfähig sind.
- 53 Prozent monierten, dass ihre Vorgesetzten Ideen generell abblocken.

Nun lässt sich durchaus hoffen, dass junge Führungskräfte in der Zukunft diese Fehler vermeiden und insgesamt ihre Mitarbeiterinnen und Mitarbeiter besser motivieren und integrieren, als dies ihre Vorgänger getan haben. Die Studie zeigt jedoch auch, wie schwierig Führung in der Praxis ist. Viele Vorgesetzte befürchten Autoritätsverluste, wenn sie sich vom Nimbus des *Alleskönners* verabschieden. Dabei erkennen die Mitarbeiter sowieso immer, wenn sich Entscheidungen von Vorgesetzten in der Praxis nicht bewähren oder nicht umsetzen lassen. Die Autorität einer Führungskraft wird eher leiden, wenn sie Fehler nicht zugeben kann und – wie in der oben genannten Untersuchung erwähnt – selbst nicht kritikfähig ist.

Tipp

Der so genannte gesunde Menschenverstand ist ein guter Ratgeber, um sich in schwierigen Berufssituationen zurechtzufinden. Die *Kunst der Menschenführung* besteht letztendlich darin, seine Mitmenschen so zu behandeln, wie man selbst gerne behandelt werden möchte. Wer sich daran orientiert, schafft sicherlich eine gute Basis in der Zusammenarbeit mit seinen Mitarbeiterinnen und Mitarbeitern.

2.
Kommunikationsprozesse – Modelle, Analysen, Hintergründe

Leitfragen

Was ist Kommunikation?
Wie kommunizieren wir mit uns selbst?
Spielen wir alle Rollen?
Was ist ein JOHARI-Fenster?
Unterliegt Kommunikation bestimmten Regeln?
Wie viele Dimensionen besitzt eine Nachricht?
Was bedeutet Metakommunikation?
Frauensprache – Männersprache:
Sprechen Frauen anders?

Kommunikationsfähigkeiten gelten heutzutage als berufliche Schlüsselqualifikationen. In Ausbildung und Studium findet diese Tatsache leider immer noch viel zu wenig Berücksichtigung. Im heutigen Arbeitsleben ist jedoch Grundwissen über Kommunikationsprozesse unumgänglich, insbesondere für junge Führungskräfte. Hier knüpft das folgende Kapitel an: Es werden die wichtigsten populärwissenschaftlichen Kommunikationsmodelle anschaulich vorgestellt. Der Erklärungsbogen umfasst dabei die Reflexion individueller Selbstgespräche, Erkenntnisse der Transaktionsanalyse, Grundregeln der Kommunikation und vieles mehr. Ziel dieses Kapitels ist es, die verschiedenen Gesprächsebenen von Kommunikationsprozessen zu verdeutlichen, damit Führungskräfte Gespräche und Verhandlungen insgesamt besser analysieren und durchführen können.

Was ist Kommunikation?

Im vorherigen Kapitel wurde darauf hingewiesen, dass Kommunikation die Gesamtheit aller Informationen auf verbaler wie nonverbaler Ebene umfasst. Kommunikation ist demnach stets eine interaktive Angelegenheit. Die drei folgenden Beispiele zeigen jedoch, wie unterschiedlich Kommunikation verlaufen kann.

Beispiele

Kommunikation ist reden

Herr Schuster trifft einen Bekannten auf der Straße. Auf seine Frage »Na, wie geht es dir denn so?« fängt der Bekannte sofort zu erzählen an: An seinem Arbeitsplatz hat er einen neuen Kollegen bekommen, mit seiner Frau plant er im nächsten Frühjahr eine Afrikareise, die jüngste Tochter geht seit dem Herbst auf das Gymnasium, das neue Auto ist nun endlich bestellt, die Mutter liegt im Krankenhaus und und und. Der Bekannte erzählt und erzählt; Herr Schuster kommt überhaupt nicht zu Wort. Plötzlich schaut sein Bekannter auf die Uhr, streckt ihm die Hand entgegen und meint: »Du, ich muss jetzt gehen. Schön, dass wir uns mal wieder so ausführlich unterhalten haben.«

Kommunikation ist schweigen

Vater und Tochter verstehen sich gut. Der Vater, ein wortkarger Mann, wohnt in einem kleinen Dorf; die Tochter in der Großstadt viele Kilometer von zu Hause entfernt. Seit dem Tod der Mutter besucht sie ihn öfter – so auch an diesem Wochenende. Die beiden gehen spazieren, reden jedoch wenig miteinander. Abends sitzt der Alte auf der Bank hinter dem Häuschen, betrachtet die untergehende Sonne und raucht gemütlich ein Pfeifchen. Seine Tochter bereitet das Abendbrot zu; beide essen – und schweigen. Als am nächsten Tag die Tochter wegfährt, sagt der Vater: »Schön, dass wir uns so gut unterhalten haben.«

Kommunikation ist Zungenfleisch

Ein Sultan lebte einst mit seiner Frau in einem Palast, aber seine Frau war unglücklich. Sie wurde jeden Tag magerer und träger. In derselben Stadt lebte ein armer Mann, dessen Frau gesund und fett und glücklich war. Als der Sultan das hörte, ließ er den armen Mann zu Hofe kommen und fragte ihn nach seinem Geheimnis. Der Mann antwortete: »Sehr einfach. Ich gebe ihr Zungenfleisch.«

Umgehend rief der Sultan den Schlachter und befahl, die Zungen von allen Tieren, die in der Stadt geschlachtet wurden, ihm allein zu bringen. Der Schlachter schickte daraufhin jeden Tag die Zungen aller geschlachteten Tiere in den Palast. Der Sultan ließ den Koch die Zungen auf jede nur erdenkliche Art und Weise braten, rösten, dünsten, pökeln und jedes bekannte Zungenmenü zubereiten. Dies musste seine Frau essen, drei- oder viermal am Tag, aber es nützte nichts. Sie wurde ständig dünner und kränklicher. Der Sultan befahl nun dem armen Mann, mit ihm die Frauen zu tauschen, dem beugte sich der arme Mann widerwillig. Er nahm die magere Frau des Sultans mit nach Hause und schickte seine eigene Frau in den Palast. Aber ach, dort wurde sie dünner und dünner, trotz der guten Speisen, die der Sultan ihr anbot. Es war offensichtlich, dass sie im Palast nicht gedeihen konnte.

Der arme Mann begrüßte nun jeden Abend, wenn er nach Hause kam, seine neue Frau, erzählte ihr von den Dingen, die er gesehen hatte, vor allem von den lustigen Begebenheiten, und dann trug er ihr Geschichten vor, die sie kreischen ließen vor Vergnügen. Danach nahm er sein Instrument zur Hand und sang Lieder für sie, und er kannte sehr viele Lieder. Bis spät in die Nacht spielte er mit ihr und unterhielt sie. Und siehe da, die Frau des Sultans wurde in wenigen Wochen fett, wunderschön anzusehen, und ihre Haut war straff und glänzte wie die Haut eines jungen Mädchens. Sie lächelte den ganzen Tag und dachte an all die lustigen Dinge, die ihr der neue Ehemann erzählt hatte. Als der Sultan sie zurückrief, weigerte sie sich. Also kam der Sultan sie holen und fand sie völlig verändert und glücklich. Er fragte sie, was der arme Mann mit ihr gemacht habe, und sie erzählte es ihm. Da verstand er die Bedeutung von Zungenfleisch.[8]

Keine Frage, in allen drei Geschichten geht es um verschiedene Formen von Kommunikation. Im ersten Beispiel ist Kommunikation jedoch eher ein rhetorischer Akt, denn es redet überwiegend eine Person. Im zweiten Beispiel haben wir es mit einem wortkargen Menschen zu tun, der sich kaum äußert. Aber auch Schweigen ist eine Form der Kommunikation, wie in diesem Kapitel später noch erläutert wird (siehe dazu *Grundregeln der Kommunikation*). In einem Gespräch können also durchaus auch ohne Worte Verständnis, Zuwendung oder Ablehnung ausgedrückt werden. Die dritte Geschichte veranschaulicht auf humorvolle Weise die heilende Wirkung von Kommunikation. Hier werden Gespräche als *Zungenfleisch des menschlichen Zusammenlebens* dargestellt. Offensichtlich ist also, dass Kommunikation aus zahlreichen Facetten besteht. Die folgenden Ausführungen dienen dazu, das komplexe System der Kommunikation noch detaillierter darzustellen.

Selbstgespräche: Wie kommunizieren wir mit uns selbst?

»Was macht eigentlich Herr Müller im Moment? Schon lange nichts von ihm gehört ... Ich muss noch unbedingt diesen Text zu Ende schreiben ... Oh je, schaffe ich das? ... Heute Abend ist das Treffen mit Frau Meier ... na ja, mal sehen ...« So oder so ähnlich reden viele Menschen in Gedanken mit sich selbst. Jeder von uns denkt mehr oder weniger über sich und seine Beziehungen zu anderen Menschen nach.

Diesen Vorgang kann man auch als Selbstkommunikation, Selbstgespräch oder inneren Monolog bezeichnen. Der innere Monolog verläuft jedoch in den seltensten Fällen wie ein richtiges Gespräch. In der Regel sind es unvollständige Sätze, zusammenhanglose Gedankenfetzen, Bilder und Schlussfolgerungen, die uns überkommen. In psychologischen und medizinischen Fachkreisen bestehen jedoch keine Zweifel daran, dass die Art und Weise, wie ein Mensch diese Selbstgespräche führt, seine Einstellung zu sich selbst widerspiegelt. Die inneren Monologe sind deshalb ein Ausdruck unseres Selbstwertgefühls, von dem es abhängt, ob wir eher negativ oder eher wohlwollend mit uns selbst kommunizieren.

Die Erkenntnisse der Rational-Emotiven-Therapie (RET)

Destruktive Selbstgespräche spielen bei der Entstehung psychischer Erkrankungen eine wichtige Rolle – so die Auffassung vieler Mediziner und Therapeuten. Vor allem die Vertreter der Rational-Emotiven-Therapie (RET) setzen dabei auf die Wirksamkeit aktiver Selbstmanagement-Techniken durch Änderung von Sichtweisen. Der amerikanische Psychotherapeut Albert Ellis – der Begründer des RET-Ansatzes – hat herausgefunden, dass es primär unsere Selbstgespräche sind, die negative Gefühle in uns auslösen, und nicht die konkreten Erlebnisse, die uns widerfahren. Jedoch registrieren wir zumeist nicht, wie destruktiv wir mit uns selbst reden. Es ist aber auch nicht einfach, den negativen inneren Monologen auf die Spur zu kommen.

Um Selbstgespräche bewusster wahrzunehmen, ist eine gewisse Neugierde und Offenheit erforderlich. Ellis gibt dazu die Anregung: »Differenziere zwischen dem, was in einer Situation tatsächlich geschieht, und dem, was du dabei erlebst.« Deshalb setzen die Vertreter des RET-Ansatzes auf eine Änderung der individuellen Selbstmonologe. Um mehr Klarheit über diese inneren Monologe zu bekommen, entwickelte Ellis eine Checkliste mit hilfreichen Fragen, die man in beruflichen wie privaten Situationen anwenden kann.

Die schriftliche Reflexion von Selbstgesprächen als Bestandteil der Rational-Emotiven-Therapie sollte jedoch nicht mit wissenschaftlich umstrittenen Glaubenssätzen wie »Denke immer positiv« verwechselt werden. Im Gegenteil: Gerade die wissenschaftliche Analysefähigkeit und der Realitätssinn sollen gefördert werden; von Esoterik oder Mystik ist dies weit entfernt. Die Untersuchung unserer inneren Monologe soll vielmehr dazu dienen, Kommunikationsfallen zu erkennen und das eigene Sprachverhalten zu verbessern. Wer sich klar macht, dass auch die *innere Spra-*

Checkliste

Reflexion meiner Selbstgespräche

1. Was hat sich in der Gesprächssituation abgespielt?

2. Was habe ich in der konkreten Situation gedacht? Welche Inhalte hatte mein Selbstgespräch?

3. Welche Wünsche oder Ansprüche an mich und andere Personen werden durch meinen inneren Monolog erkennbar?

4. Welche Ansprüche davon sind realistisch?

5. Was kann ich tun, um meine Ziele zu erreichen?

che Kommunikation ist, dem erscheint die *äußere Sprache* ebenfalls in einem neuen Licht. Denn innere Monologe und verbales Sprachverhalten hängen eng miteinander zusammen. Selbstgespräche nehmen unweigerlich Einfluss auf die Gespräche mit anderen.

Indem man sich dies immer wieder selbst vergegenwärtigt, macht man einen entscheidenden Schritt, um generell besser zu kommunizieren.

Tipp

Notieren Sie einige Tage lang Ihre Selbstgespräche in unterschiedlichen Alltagssituationen – egal, ob es sich dabei um positive oder negative Monologe handelt. Der Lernprozess sollte in der schrittweisen Veränderung negativer Selbstgespräche liegen. Nach und nach stellen Sie dabei Ihre innere Sprache von eher negativen auf eher zuversichtliche Gedanken und Gefühle um. Statt bespielsweise zu sagen: »Dem Müller kann man nie etwas recht machen. Der Mensch raubt mir noch die letzten Nerven«, kann man auch einhalten und sich sagen: »Dieser Müller ist ein schwieriger Mensch. Ich lasse mich von ihm aber nicht aus der Fassung bringen.«

Rollenverhalten und Werte

Alle Menschen verhalten sich in jeder Kommunikation auf der Grundlage sowohl bestimmter Rollen als auch auf der Basis ihrer Wertvorstellungen und Normen. In den meisten Fällen sind wir uns dieser Grundlagen jedoch nicht bewusst. Die folgenden Kommunikationsmodelle möchten uns die Augen öffnen für diese Vorgänge, damit wir bewusster im Umgang mit anderen agieren können.

Die Transaktionsanalyse (TA-Modell)

Wir alle spielen gern Theater! Wir sind Schauspieler und wechseln ständig von einer Rolle in die nächste. Erwachsene spielen besonders gern Spiele wie Ehespiele, Räuberspiele oder Krankenspiele.

Dies behauptet zumindest der amerikanische Arzt und Psychiater Eric Berne in seinem Buch *Spiele der Erwachsenen*. Berne analysiert hierbei Kommunikationsvorgänge zwischen Menschen nach der so genannten *Transaktionsanalyse*. In Anlehnung an Sigmund Freud nimmt er eine Teilung der Persönlichkeit in drei verschiedene Ich-Zustände vor:

- *Das Kind-Ich*
  Darunter wird die Gesamtheit aller Wünsche, Ängste und Sehnsüchte verstanden, die spontan und unkontrolliert zum Ausdruck kommen.

- *Das Eltern-Ich*
  Darunter versteht man alle erlernten Verbote und Gebote, Verhaltensregeln, Gesetze und Normen, die man umsetzen sollte oder möchte.

- *Das Erwachsenen-Ich*
  Darunter werden alle vernünftigen, partnerschaftlichen Verhaltensmuster und Entscheidungsvarianten verstanden, die sich bei bestehenden Problemen oder Entscheidungen anwenden lassen.

Abbildung 3:
Das TA-Modell: Jeder ist gleichzeitig drei Personen

Die Transaktionsanalyse geht davon aus, dass jeder Mensch diese drei Ebenen in sich verkörpert. Jeder verfügt somit über ein Kind-Ich, ein Eltern-Ich und ein Erwachsenen-Ich. Für Kommunikationsprozesse bedeutet dies: Die Botschaft entwickelt sich aus einer bestimmten Ich-Perspektive und richtet sich auch an eine bestimmte Ich-Ebene des jeweiligen Gesprächspartners. Zur Verdeutlichung der Kommunikation unter Berücksichtigung der drei Ich-Ebenen soll das nachfolgende Beispiel dienen.

Beispiel

Der Geschäftsführer einer IT-Firma sagt zu einem Mitarbeiter: »Wenn du nochmals so einen Mist produzierst, dann wirst du mich kennen lernen. Solche Fehler dürfen dir einfach nicht unterlaufen, hast du mich verstanden?« Der Mitarbeiter antwortet kleinlaut: »Tut mir leid – soll nicht wieder vorkommen!« Aus transaktionsanalytischer Perspektive gesehen, sendet der Geschäftsführer eine aggressive *Elternbotschaft* an den Mitarbeiter. Der eingeschüchterte Mann reagiert darauf mit einer *Kindbotschaft*. Würde der Mitarbeiter jedoch antworten: »Es ärgert mich, wenn du so mit mir redest. Jeder macht mal Fehler. Sag mir bitte konkret, wie ich in Zukunft solche Schnitzer vermeiden kann.« – dann hätte er auf die *Elternbotschaft* mit einer *Erwachsenenbotschaft* reagiert und dem Gespräch damit einen anderen Impuls gegeben.

Das Drama-Dreieck

In der alltäglichen Kommunikation begegnen uns derartige Transaktionen ständig, auch wenn wir sie nicht immer sofort erkennen können. Denn wir agieren alle in mehr oder weniger festen Beziehungssystemen. Berne bezeichnet Konflikte als *Spiele der Erwachsenen*, denn zwischenmenschliche Auseinandersetzungen weisen ähnliche Strukturen und Typologien wie das Drama auf. Nicht nur im Theater, auch im Fernsehen bei Krimis oder Spannungsfilmen finden wir diese Rollenzuweisungen.

Im Wesentlichen sind es dabei drei Rollen, die besetzt werden:

- Retter/Retterin,
- Opfer,
- Verfolger/Verfolgerin.

Das folgende Beispiel soll zeigen, dass diese Rollenzuweisungen auch im Alltag eingenommen werden.

Beispiel

Frau Müller ist Assistentin der Geschäftsleitung in einem mittelständischen Unternehmen. Der Geschäftsführer schätzt sie, und bei ihren Kollegen und Kolleginnen ist sie beliebt. Alle wissen: In Notfällen kann man sich auf Frau Müller stets verlassen. Sie kommt sehr früh zur Arbeit und verlässt erst spät das Büro. Sie hat ein offenes Ohr für alles und jeden, sprüht vor Ideen und Engagement. Hin und wieder stöhnt sie zwar über die Belastungen und den Stress, doch die Anerkennung ihrer Kolleginnen und Kollegen freut sie immer wieder, dies lässt sie so manchen Ärger vergessen. Irgendwann bekommt Frau Müller jedoch starke Magenbeschwerden. Der Arzt rät ihr, kürzer zu treten und den Stress zu reduzieren, sonst drohten ihr ernste gesundheitliche Gefahren. Das erzählt Frau Müller zu Hause und im Büro. Ihre Arbeitskollegen reagieren zunächst mit schlechtem Gewissen, dann zunehmend mit Ärger und Wut, weil Frau Müller immer stärker *die Kranke* spielt.
Wenn wir diese Geschichte genauer analysieren, wird deutlich: Retterin zu sein ist zwar schön, aber auch sehr anstrengend, denn der Stress ist enorm, der mit dieser Rolle verbunden ist. Arbeitskollegen oder Freunde sind gewohnt, dass sie sich auf Rettertypen immer verlassen können. Sie helfen bei Problemen aller Art. Wenn sie sich beklagen, so muss man dies nicht weiter ernst nehmen. Ein paar motivierende Worte genügen in der Regel, um den Motor der Retterin wieder auf Touren zu bringen. Aber die Rollen wechseln

schleichend: Die Retterin selbst gerät immer stärker in die Opfer-rolle. Krankheit oder andere Gründe bringen Hilflosigkeit und Ohnmachtsgefühle hervor. Die Retterin beklagt sich bei ihrem Umfeld, dass sie so viel erdulden und erleiden muss.

Jetzt ist es nur noch ein kleiner Schritt, bis aus dem Opfer eine Verfolgerin wird. Die Schuld an der eigenen Überlastung oder Un-zufriedenheit wird anderen in die Schuhe geschoben. Das Opfer, das nun (unbewusst) die Rolle des Verfolgers einnimmt, verfolgt seine vermeintlichen Peiniger und versucht, ihnen ein schlechtes Gewis-sen zu machen. Dies wiederum löst verständlicherweise bei diesen Personen Ärger und Wut aus. Das Drama-Dreieck ist perfekt!

Wege aus dem Drama

Berne zeigt in seinen Analysen, dass wir alle in diese Rollen schlüp-fen können – in der Regel unbewusst –, um bestimmte Ziele zu er-reichen. Natürlich muss sich nicht jede Situation zu einem Konflikt oder einer Krise entwickeln. Belastende Situationen können sich jedoch leicht zu Fallstricken entwickeln, wenn wir unsere eigene Rolle darin nicht erkennen.

Gerade Führungskräfte, die im Berufsleben für Personen Verant-wortung tragen, sollten sich vergegenwärtigen, dass ihre Mitmen-schen mit einer *autoritären Rolle* unterschiedliche Erfahrungen ver-binden. Manche reagieren ehrfürchtig und untertänig, andere wiederum rebellieren offen oder verdeckt gegenüber dem Vorgesetz-tenstatus. Führungspositionen können sich daher leicht als Stolper-steine für die Betroffenen erweisen – vor allem dann, wenn man nicht die eigene Rolle für sich definiert und geklärt hat. Zum Klä-rungsprozess gehört es auch, den Blick für die persönlichen Verhal-tensweisen zu schärfen und sich den folgenden Fragen zu stellen:

- In welche Situationen gerate ich häufig hinein oder welche inszeniere ich gar selbst?
- Was würde geschehen, wenn ich bei diesen *Spielen für Erwachsene* nicht mitspiele?
- Welche Alternativen gibt es, mich gut zu fühlen, ohne die *Retter-Rolle* einzunehmen?

- Wie kann ich meinem Ärger Luft machen, ohne gleich zum *Verfolger* oder zum *Opfer* zu werden?

Kommunikation und Werte aus Sicht der Familientherapie

Für eine effektive und effiziente Kommunikation benötigen wir nicht nur Wissen über das menschliche Rollenverhalten, sondern wir sollten uns auch der eigenen Werte, Normen, Verhaltensregeln und Wünsche bewusst sein. Denn ob wir es wahrhaben wollen oder nicht: Unser Sprachverhalten offenbart stets unsere Wertschätzung gegenüber dem jeweiligen Gesprächspartner. Konstruktive Diskussionen basieren auf gegenseitiger Wertschätzung, auf der Grundhaltung: *Ich bin o.k. – du bist o.k.* Im Alltag erleben wir jedoch häufig genau das Gegenteil: Andere Menschen lehnen uns mehr oder weniger offensichtlich ab – ob durch verbales oder nonverbales Verhalten. Umgekehrt werten aber auch wir manchmal andere Gesprächspartner ab, wir zeigen ihnen sozusagen die »kalte Schulter«. Personen mit einem schwach ausgeprägten Selbstbewusstsein werten dagegen häufig sich selbst ab und andere Menschen auf *(Ich bin nicht o.k. – du bist o.k.).*

Vier Werthaltungen

- Ich bin o.k. – du bist o.k.
- Ich bin o.k. – du bist nicht o.k.
- Ich bin nicht o.k. – du bist o.k.
- Ich bin nicht o.k. – du bist nicht o.k.

Die Familientherapeutin Virginia Satir hat vor allem auf den psychologischen Zusammenhang von Sprache und Werthaltungen hingewiesen. Schon in früher Kindheit lernen wir eine Reihe von Regeln, wie wir uns generell und insbesondere in schwierigen Situationen zu verhalten haben. Im Laufe unseres Lebens gewinnen diese *Handlungsanweisungen* für uns unterschiedliche Bedeutung. Einige Regeln vergessen oder verdrängen wir, manche verwerfen wir völlig. Manche Werte und Normen bleiben jedoch tief in uns verwurzelt. Beispiele dafür sind:

- Du musst immer einen guten Eindruck machen.
- Du darfst dir keine Blöße geben.
- Widersprich niemals Autoritäten.
- Achte darauf, dass du stets pünktlich bist.
- Nur wer besser ist als andere, kann im Leben etwas erreichen.
- Mach deinen Mund nur auf, wenn du gefragt wirst.
- Gefühle zu zeigen bedeutet Schwäche.
- Wir sollten niemals streiten, sondern immer freundlich miteinander umgehen.

Den Personalpronomen *du* beziehungsweise *wir* kommt in diesem Zusammenhang eine bedeutende Rolle zu. So weiß man aus Kommunikationsstudien, dass Menschen ihre Gesprächspartner unterschwellig zu beeinflussen versuchen, indem sie häufig (unbewusst) das Personalpronomen *wir* verwenden. Dadurch möchte man Einvernehmlichkeit und Vertrauen demonstrieren und möglichst keinen Widerspruch aufkommen lassen. Das Autorenteam Weisbach und Ehresmann hat diese Angewohnheit in einem absurden Dialog auf die Spitze getrieben.

Beispiel

Dialog im Krankenhaus[9]

Pfleger: So, jetzt nehmen wir unsere Tablette, dann werden wir schön schlafen.

Patient: Warum nehmen wir denn die Tablette?

Pfleger: Das sagte ich doch, dass wir schön schlafen.

Patient: Ja, ist das denn erlaubt?

Pfleger: Was soll denn daran nicht erlaubt sein?

Patient: Ja, dass Sie jetzt ins Bett gehen.

Pfleger: Ich gehe doch nicht ins Bett. Ich habe doch Nachtdienst!

Patient: Um Gottes willen. Dann können Sie doch auf keinen Fall eine Tablette nehmen.

Pfleger: Wie kommen Sie denn darauf, dass ich eine Tablette nehmen will?

Patient: Nein, nicht eine ganze, aber Sie wollen die Hälfte von meiner, und dann wollten wir doch schön schlafen.

Pfleger: Ich glaube, wir müssen doch mal das Fieber messen.

Patient: Ja, Sie zuerst.

Pfleger: Warum denn ich?

Patient: Weil ich weiß, dass ich keins habe.

Pfleger: Dann wollen wir mal den Puls fühlen.

Patient: Gegenseitig?

Pfleger: Wenn Sie jetzt nicht vernünftig sind, müssen wir den Arzt rufen.

Patient: Ich rufe nicht mit.

Pfleger: Nehmen Sie jetzt die Tablette oder nicht?

Patient: Wollen Sie denn nichts mehr abhaben?

Pfleger: Ich will, dass Sie jetzt Ihre Tablette nehmen, dass Sie nichts mehr fragen, dass Sie sich schön ausstrecken, sich gut zudecken und tief schlafen. So, und nun wünsche ich Ihnen eine gute Nacht.

Alte Normvorstellungen verändern

Verhaltensregeln bedeuten Orientierung und geben Halt. Menschen benötigen zweifellos bestimmte Richtlinien für einen vernünftigen Umgang miteinander. Viele Verhaltens- und Kommunikationsprobleme entstehen aber erst dadurch, dass wir überkommene Werte und Normen nicht mehr überprüfen, sondern sie unreflektiert übernehmen.

Virginia Satir spricht sich in diesem Zusammenhang für *humane Leitlinien statt starrer Regeln* aus. Alte Normvorstellungen sollen dabei so umformuliert werden, dass sie als konkrete Hilfestellung für das eigene Leben empfunden werden. Statt: »Mache deinen Mund nur dann auf, wenn du gefragt wirst«, kann die neue, individuelle Norm etwa lauten: »Ich mache dann den Mund auf, wenn ich anderer Meinung bin. « Statt: »Man muss immer einen guten Eindruck hinterlassen«, heißt nun vielleicht die neue

Richtlinie: »Ich lege Wert auf einen guten ersten Eindruck. Ich muss jedoch nicht allen Leuten gefallen. Wichtig ist, dass ich mich wohl und sicher in meiner Haut fühle.«

Satir empfiehlt in diesem Zusammenhang, aus den destruktiven *Antreibern* konstruktive *Erlauber* zu machen. Dies klingt einfach, ist jedoch gar nicht so leicht gedanklich umzusetzen. Denn dies erfordert eine Überprüfung alter Wertvorstellungen und eine individuelle Klärung der eigenen, aktuellen Weltanschauung und des persönlichen Menschenbildes. Wenn sich Werte und Normen verändern, dann bleibt dies nicht ohne Einfluss auf unsere Sprache. Eine Folge davon kann sein, dass man mit Mitarbeitern, Kollegen, Kunden und Vorgesetzten offener und vorurteilsfreier als bisher kommuniziert. Allerdings ist dies niemals eine Ad-hoc-Angelegenheit, denn Sprache modifiziert sich allmählich. Man muss dazu schon ein wenig Geduld aufbringen.

Selbst- und Fremdbild – das JOHARI-Fenster

Die meisten Menschen haben ein ganz bestimmtes Bild von sich selbst. Dieses Selbstbild stimmt jedoch häufig nicht mit den Wahrnehmungen anderer Personen überein. Jeder von uns hat sicherlich schon die Erfahrung gemacht, dass man auf bestimmte Menschen völlig anders wirkt als vermutet. Viele sind auch unangenehm überrascht, wenn sie die eigene Stimme auf einem Anrufbeantworter hören oder sich auf einem Video hören und sehen. Die eigene Stimme klingt merkwürdig, das persönliche Auftreten wird als fremd und unwirklich erlebt. Wer jedoch mit anderen kommunizieren und seine Meinung zum Ausdruck bringen will, benötigt eine realistische Selbsteinschätzung. Gerade für Führungskräfte ist es wichtig zu wissen, wie ihre Sprache und ihr Auftreten insgesamt in der Öffentlichkeit wahrgenommen werden.

Als Orientierungshilfe kann hier das so genannte JOHARI-Fenster dienen, seit Jahrzehnten ein anerkanntes Modell in der sozialpsychologischen Forschung. Das grafische Fenster, welches das Verhältnis von Selbst- und Fremdwahrnehmung veranschaulicht,

	dem Selbst bekannt	dem Selbst nicht bekannt
anderen bekannt	**Quadrant A** Bereich freier Aktivität	**Quadrant C** Bereich des blinden Flecks
anderen nicht bekannt	**Quadrant B** Bereich des Vermeidens oder Verbergens	**Quadrant D** Bereich der unbekannten Aktivität

Abbildung 4:
Das JOHARI-Fenster

wurde von den amerikanischen Sozialwissenschaftlern Joe Luft (= JO) und Harry Ingham (= HARI) bereits in den fünfziger Jahren entwickelt. Es teilt unsere Verhaltensweisen in vier Bereiche ein.

Quadrant A ist der Bereich des Verhaltens, der *uns selbst bewusst und vertraut ist.* Wir kennen diese Verhaltensweisen und wissen, wie diese von Außenstehenden wahrgenommen werden. So wundern wir uns beispielsweise nicht, wenn wir als Hesse oder Bayer entlarvt werden, weil uns bewusst ist, dass uns die Dialektfärbung verrät. Auch wenn uns jemand als temperamentvolle und extrovertierte Persönlichkeit bezeichnet, so ist uns diese Einschätzung vertraut, denn sie ist uns schließlich selbst bekannt.

Quadrant B bezeichnet den Bereich des Verbergens. Wir alle haben gelernt, bestimmte Verhaltensweisen zu verstecken. So gestehen wir uns beispielsweise selbst ungern ein, dass wir Angst vor der Dunkelheit oder bestimmten Menschen haben. Es sind die *stillen Winkel der Seele,* in die man anderen keinen Einblick gewähren möchte. In diesem Bereich schlummern also Verhaltensmuster und Eigenschaften, die nur uns selbst vertraut und sonst niemandem bekannt sind.

Quadrant C ist der Bereich des so genannten *blinden Flecks.* Dies bedeutet, andere Personen nehmen Dinge wahr, die wir selbst nicht sehen und die uns nicht bewusst sind. Man bemerkt beispielsweise nicht, dass man nervös mit den Fingern spielt, wenn man auf einen Kunden wartet; die Sekretärin dagegen registriert dies wohl. Ein weiteres Beispiel sind die berühmten »Ähs« und »Öhs«, die einem Redner nicht auffallen, jedoch die Zuhörer belustigen (oder nerven). Dieser Bereich ist also anderen bekannt, uns selbst jedoch nicht bewusst.

Quadrant D wird tiefenpsychologisch dem Bereich des *Unbewussten* zugeordnet. Dazu zählen Verhaltensweisen und Aktivitäten, die uns selbst und anderen unbekannt sind. Daher sind hierzu auch keine weiteren Aussagen möglich. Sicher gilt jedoch: Eine Bearbeitung dieses Bereichs sollte man nur mit entsprechender therapeutischer Unterstützung beginnen.

Wenn wir uns nun das Fenster insgesamt anschauen, ergibt sich folgendes Bild: Unterhalten wir uns beispielsweise mit einer unbekannten Person, ist Quadrant A recht klein. Je mehr Vertrauen zwischen uns und der anderen Person entsteht, umso ungezwungener kommunizieren wir. Wir verhalten uns allmählich so, wie wir *tatsächlich* sind. Je größer der Fensterausschnitt A wird, desto kleiner wird der Bereich B. Wir sehen immer weniger die Notwendigkeit, bestimmte Verhaltensweisen oder Gefühle zu verbergen oder sogar zu verleugnen. In einer Atmosphäre wachsenden Vertrauens verkleinert sich auch der Bereich des blinden Flecks (Quadrant C), weil wir selbst nun offener für Feedback der anderen sind. Veränderungen im Quadranten D sind in der zwischenmenschlichen Kommunikation nie auszuschließen, jedoch ist dieser Bereich am schwersten veränderbar und benötigt meist einen längeren, in der Regel therapeutisch unterstützten Zeitraum.

Zusammenfassend lässt sich sagen, dass Menschen immer dann zu einer realistischeren Selbsteinschätzung gelangen, wenn eine Veränderung der drei Quadranten A, B und C stattfindet. Im offenen, gegenseitigen Austausch und durch ein ehrliches Feedback können die eigenen, blinden Flecken nach und nach kleiner werden und verblassen. Entsprechende Rückmeldungen von anderen Personen lassen uns erkennen, welche Wirkung unser Verhalten

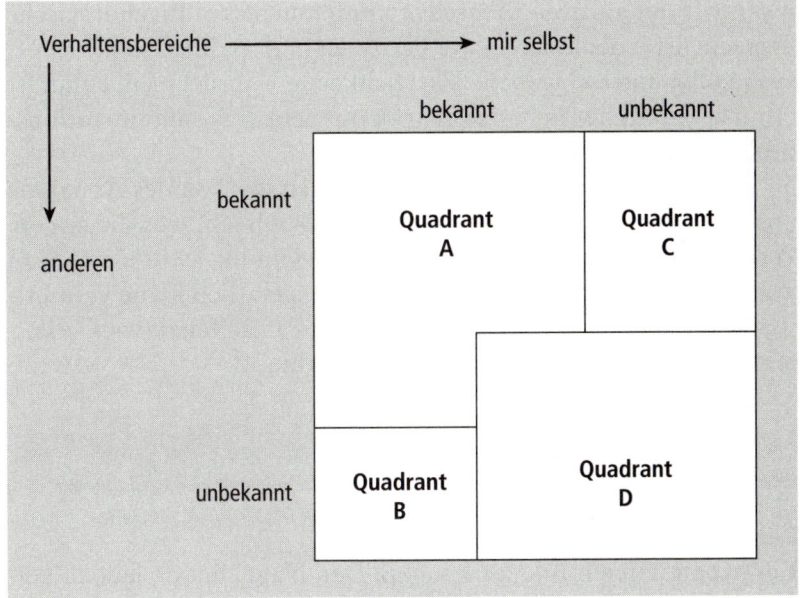

Abbildung 5:
Das veränderte JOHARI-Fenster

auf andere hat. Das JOHARI-Fenster als Feedback-Fenster dient dabei als Modell für eine realistischere Selbstwahrnehmung.

Grundregeln der Kommunikation

Die Erforschung von Kommunikationsprozessen ist in Fachkreisen mit dem Namen eines bekannten Sozialwissenschaftlers und Psychologen verbunden: Paul Watzlawick. Watzlawick hat bereits in den sechziger Jahren wesentliche kommunikative Grundregeln erforscht. So findet zwar zwischenmenschliche Kommunikation stets in einer bestimmten Situation zu einer bestimmten Zeit und an einem bestimmten Ort statt, aber jeder Mensch, der mit anderen redet, befindet sich in seiner eigenen, konstruierten Wirklichkeit. Normalerweise nehmen wir an, dass es eine *objektive Realität* gibt, wenn wir mit anderen Menschen kommunizieren. Psychologische Tatsache ist jedoch, dass zwei Personen in derselben Situation oft zwei völlig unterschiedliche Wirklichkeiten wahrnehmen. Somit ist es nicht verwunderlich, dass wir permanent in Kommunikationsprobleme verstrickt sind.

Doch damit nicht genug: Häufig gehen wir von der Annahme aus, dass wir vor einem Gespräch bereits wissen, was die andere Person denkt oder sagen wird. Unsere Meinung steht also schon vorher fest. Das Ergebnis davon ist, dass letztlich keine vernünftige Kommunikation zustande kommen kann. Watzlawick erläutert dies an der folgenden kurzen Geschichte.

Beispiel

Der Hammer

Ein Mann will ein Bild aufhängen. Den Nagel hat er, jedoch keinen Hammer. Er weiß, der Nachbar hat einen. Also beschließt er hinüberzugehen und einen Hammer auszuborgen. Doch nun stellen sich Zweifel ein: Was ist, wenn der Nachbar ihm den Hammer nicht geben will? Gestern hat er ihn nur flüchtig begrüßt. Aber vielleicht war er ja nur in Eile. Vielleicht war die Eile aber auch nur vorgetäuscht und der Nachbar hat was gegen ihn. Aber was? Und überhaupt: Was bildet der sich eigentlich ein? Der Mann denkt weiter: Wenn jemand von mir einen Hammer borgen wollte, gäbe ich ihm das Werkzeug sofort. Aber der Nachbar wohl nicht. Solche Leute wie der vergiften einem das Leben. Und er bildet sich wahrscheinlich noch ein, man sei auf ihn angewiesen. Jetzt reicht's aber ... Und so stürmt der Mann hinaus, klingelt beim Nachbarn und als ihm dieser die Tür öffnet, schreit er ihn an: Behalten Sie doch Ihren Hammer, Sie blöder Kerl![10]

Die Geschichte zeigt, wie sich Gedanken zu selbstverständlichen Wahrheiten entwickeln können. Wir müssen nur daran glauben und uns entsprechend verhalten. Watzlawicks Haupterkenntnis kann somit auf einen Satz reduziert werden: Es ist schwer, richtig zu kommunizieren, und es ist unmöglich, nicht zu kommunizieren.

Darauf aufbauend entwickelte der Kommunikationsforscher zwei Grundregeln der Kommunikation, die in allen zwischenmenschlichen Kontakten zur Geltung kommen:

- Es ist nicht möglich, nicht zu kommunizieren.
- Jede Kommunikation hat Inhalts- und Beziehungsaspekte.

Die erste Grundregel der Kommunikation

In der Gegenwart eines anderen Menschen hat *jedes Verhalten* eine bestimmte Bedeutung für die Kommunikation. Wir kommunizieren auch dann, wenn wir nichts sagen, weil wir körpersprachliche Signale an andere vermitteln. Sitzen wir etwa im Wartezimmer eines Arztes und möchten in Ruhe gelassen werden, wenden wir automatisch bestimmte Verhaltensweisen an: Wir schauen auf den Boden, an die Wand, aus dem Fenster oder verstecken uns hinter einer Zeitung. Damit signalisieren wir, dass wir unansprechbar für andere sein wollen.

Ein zweites Beispiel: Wir treffen zufällig auf der Straße einen guten Freund. In diesem Fall wird unsere Körpersprache Offenheit und Nähe demonstrieren. Auch wenn die Mehrzahl der vorbeieilenden Passanten diesem Geschehen keine Beachtung schenkt, so können aufmerksame Beobachter dennoch registrieren, dass sich hier zwei Personen unterhalten, die sich mögen.

Die zweite Grundregel der Kommunikation

In jeder Kommunikation spielen sowohl *Inhalts- als auch Beziehungsaspekte* eine Rolle. Lange Zeit ging man davon aus, dass Kommunikation primär der Vermittlung von Informationen dient. Die Diskussionsinhalte galten als das wichtigste Kernstück jeder Kommunikation. Diese Einstellung wurde durch Watzlawick und andere Kommunikationswissenschaftler relativiert. Sie fanden heraus, dass in jeder Kommunikation mindestens zwei Aspekte – Inhalt *und* Beziehung – auftreten. In einem Gespräch geht es nie ausschließlich um Sachthemen (siehe dazu auch *Die Dimensionen einer Nachricht – das TALK-Modell).* Oft unbemerkt, aber stets unvermeidlich spielt in jedem Kommunikationsprozess die Beziehung zwischen den Gesprächspartnern eine wichtige Rolle. Wer mit anderen kommuniziert, definiert zugleich auch eine *Beziehung* zu dieser Person. Dies soll an zwei Beispielen erläutert werden.

Beispiele

Beispiel 1: Der Graf und das Dienstmädchen

Ein Dienstmädchen stürmt in das Zimmer des Grafen und sagt aufgeregt: »Herr Graf, ich glaube, wir bekommen Regen!« Der Graf richtet sich in seinem Sessel auf und belehrt das Dienstmädchen: »Ich bekomme vielleicht Regen, und Sie bekommen vielleicht Regen!«

Die für den Grafen unerlaubte Intimität, die in dem Personalpronomen »wir« steckt, erfährt hier eine inhaltliche Korrektur, die zugleich eine Beziehungsdefinition darstellt. Auch wenn sicherlich das Beziehungsgefälle zwischen einflussreichen Personen und ihren Untergebenen selten so krass zum Ausdruck kommt: Die Reaktion des Grafen zeigt deutlich die enge Verbindung von Information und Beziehung in Gesprächssituationen.

Beispiel 2: Eintritt verboten

Ein Bewerber hat einen Vorstellungstermin mit dem Geschäftsführer eines mittelständischen Unternehmens vereinbart. Er erscheint pünktlich zum vereinbarten Zeitpunkt. Die Sekretärin bittet ihn allerdings noch um etwas Geduld, da der Geschäftsführer noch in einer wichtigen Sitzung weilt. Der Bewerber nimmt Platz und wartet. Sein Blick fällt auf ein Türschild mit dem Hinweis: »Eintritt verboten«.

Welcher Inhalt und welche Beziehung werden durch diese Worte deutlich? Die Sachinformation ist offensichtlich: »Es ist verboten, in diesen Raum einzutreten.« Bei näherer Betrachtung dieser Aussage kann man jedoch auch eine Beziehung zwischen dem Leser und dem Schreiber oder Auftraggeber des Schildes definieren. Würde auf der Tür beispielsweise stehen: *Bitte treten Sie hier nicht ein!*, bliebe die Sachinformation zwar dieselbe, doch die Beziehungsebene wäre eine andere. Denn diese Aussage appelliert an die Rücksichtnahme des Betrachters. Stünde auf dem Schild zusätzlich: *Bitte treten Sie hier nicht ein. Wir sind in einer wichtigen Besprechung.*, würde sogar noch eine Erklärung geliefert, warum der Raum zu diesem Zeitpunkt nicht betreten werden soll. An diesem Beispiel wird deutlich, dass auch kleine Worte eine große Wirkung haben können – nicht nur auf der Informationsebene, sondern auch auf der Beziehungsebene.

Die Dimensionen einer Nachricht – das TALK-Modell

Das so genannte *Kommunikationsquadrat* wurde von einer Gruppe von Wissenschaftlern um Prof. Dr. Friedemann Schulz von Thun entwickelt und vereinigt kommunikationspsychologische Ansätze verschiedenster Fachrichtungen. Schulz von Thun ist dabei zu der Erkenntnis gelangt, dass man der Komplexität zwischenmenschlicher Kommunikation nur dann gerecht wird, wenn man Informationen unter den vier Aspekten Inhalt, Beziehung, Selbstoffenbarung und Appell analysiert.

Die vier Seiten der Kommunikation setzen sich zusammen aus:

- Inhaltsaspekt: Um welche sachlichen Inhalte geht es?
- Selbstoffenbarungsaspekt: Was offenbare ich über mich selbst?
- Appell/Lenkungsaspekt: Was will ich mit meiner Nachricht bewirken?
- Beziehungsaspekt: Was halte ich von meinem Gesprächspartner? In welcher Beziehung stehen wir zueinander?

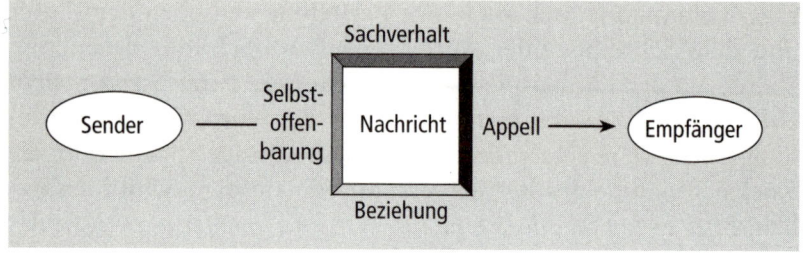

Abbildung 6:
Das Kommunikationsquadrat: die vier Seiten einer Nachricht

T wie Tatsachen

Unterstützt wird diese Differenzierung auch durch Oswald Neuberger, Kommunikationsforscher an der Universität Augsburg. Dieser hat für die vierdimensionale Welt der Kommunikation den einprägsamen Begriff TALK gewählt (von englisch: to talk) und meint damit:

- T = Tatsachen
- A = Ausdruck
- L = Lenkung
- K = Kontakt

Die Sachebene eines Gesprächs besteht aus dem Austausch von Informationen und Sachverhalten. Im Berufsalltag *sollte* die Sachebene eigentlich im Vordergrund stehen, aber auch hier wird sie häufig von anderen Aspekten überlagert. Dennoch ist es offensichtlich, dass vernünftige Entscheidungen und Problemlösungen oft mit der Qualität der Kommunikation insgesamt stehen und fallen. Dies stellt Führungskräfte vor spezielle Herausforderungen: Einerseits sollten sie auf Gespräche und Diskussionen inhaltlich gut vorbereitet sein, andererseits müssen sie sachorientierte Dialoge und Diskussionen im Team auch ermöglichen. Denn Sachinhalte und Argumente sind in jedem Gespräch wichtige Bestandteile der Verständigung.

A wie Ausdruck

Die meisten Gesprächssituationen spielen sich ab im Spannungsverhältnis von Fassade und Authentizität, Maskerade und Natürlichkeit. Wir nehmen oft Rollen ein und geben uns nicht immer so, wie wir eigentlich sind (siehe dazu *Die Transaktionsanalyse*). Doch jede Art von Kommunikation zeigt zugleich Aspekte unserer Persönlichkeit. Denn die Art und Weise, wie wir mit anderen Menschen kommunizieren, gibt stets auch Hinweise darauf, was in uns vorgeht, wofür wir stehen und wie wir unsere Rolle definieren. Mit jedem gesprochenen Wort geben wir ein Stück von uns selbst preis – in Fachkreisen wird dies als *Selbstoffenbarung* oder *Selbstausdruck* bezeichnet.

L wie Lenkung

In vielen Situationen wollen wir andere bewusst oder unbewusst beeinflussen und *lenken*. So versuchen wir beispielsweise bei Pro- und Contra-Diskussionen, die anderen Gesprächspartner von unserer Meinung zu überzeugen. Manipulationen sind dabei nie zu vermeiden. Jedoch ist die Frage durchaus berechtigt, wie viel Lenkung in Gesprächen notwendig oder sinnvoll ist. Letztendlich muss dies jeder Mensch für sich selbst entscheiden. Wenn wir jedoch andere über den Tisch ziehen wollen, müssen wir immer auch damit rechnen, dass sich der jeweilige Gesprächspartner gegen störende und aufdringliche Manipulationsversuche zur Wehr setzt.

K wie Kontakt

In jeder Kommunikation spielt die Beziehungsebene eine wichtige Rolle. Wenn Menschen miteinander reden, treten sie in Interaktion. Das bedeutet, sie gehen für die Dauer des Gesprächs eine Beziehung ein. Je nachdem, wie sympathisch oder unsympathisch sich die Gesprächspartner finden, desto enger oder distanzierter drücken sie ihre Nähe zueinander aus (verbal wie nonverbal). Wenn ein Gespräch oder eine Verhandlung scheitert, obwohl die sachliche Ebene offensichtlich kein Problem darstellt, kann davon ausgegangen werden, dass die Beziehung (Kontaktebene) der Gesprächspartner gestört ist. In anderen Worten: Kommunikation gelingt umso leichter, wenn zwischen den Gesprächspartnern die »Chemie« stimmt. Dies trifft sowohl auf Einzelgespräche als auch auf Teambesprechungen zu.

Als Fazit gilt festzuhalten, dass Kommunikation stets aus vier unterschiedlichen Blickwinkeln betrachtet werden kann. Schulz von Thun redet in diesem Zusammenhang auch von den *vier Seiten einer Nachricht*. Allerdings sind viele Kommunikationsprozesse sehr vielschichtig und verlaufen so rasch und dynamisch, dass wir nicht permanent darüber reflektieren können, auf welcher der vier Ebenen wir uns gerade befinden.

Um diesen zentralen Punkt in Kommunikationsprozessen besser zu erfassen, sollten Führungskräfte versuchen, Gesprächssituationen unter diese vier Dimensionen einzuordnen. Das nachstehende Beispiel und die Übung sollen zeigen, wie dies gelingen kann.

Beispiel

Mitarbeiter Huber trifft die Kollegin Schuster zufällig auf dem Flur und sagt zu ihr: »Frau Schuster, Ihr Kommentar zum Internet-Projekt des Kollegen Krämer in der Teamsitzung vorhin war ja wohl völlig unnötig und überzogen.«

Welche vier Kommunikationsseiten offenbart diese Aussage für Frau Schuster?

- Auf der Inhaltsebene = T: »Meine Diskussionsbeiträge sind fachlich nicht sehr fundiert«.
- Auf der Selbstoffenbarungsebene = A: »Herr Huber glaubt, dass er mehr weiß als ich« oder »Ihn ärgert meine Inkompetenz«.
- Auf der Appellebene = L: »Herr Huber rät mir, mich in Zukunft mit solchen Bemerkungen zurückzuhalten« oder »Herr Huber

möchte, dass ich künftig qualifiziertere Kritik an Kollegen in Teamsitzungen äußere«.

- Auf der Beziehungsebene = **K**: »Meine Kommentare bei Teamsitzungen gehen dem Kollegen Huber auf die Nerven« oder »Er findet meine Beiträge inkompetent«.

Ob die Bemerkung des Mitarbeiters insgesamt eher als gut gemeinter Hinweis oder als abwertende Bemerkung zu interpretieren ist, muss offen bleiben. Dazu würde man mehr Informationen über die beiden Gesprächspartner benötigen (wie ist ihr Umgang miteinander, sind sie sich eher sympathisch oder unsympathisch usw.). Dennoch wird durch dieses Beispiel deutlich, dass bereits *ein einziger Satz vier Nachrichtenebenen* besitzt. Er teilt Sachinhalte mit, er versucht bewusst oder unbewusst, Einfluss auf die Gesprächspartnerin zu nehmen, und er definiert eine Beziehung zwischen den beiden Akteuren durch die Art und Weise, wie Herr Huber den Satz ausspricht. Außerdem gibt uns die Wahl seiner Worte einen kleinen Einblick in seine Persönlichkeit (Selbstoffenbarung).

Übung

Wie interpretieren Sie die vier Seiten einer Nachricht bei den folgenden Gesprächssituationen?

1. Der Teamleiter sagt in der abschließenden Projektsitzung: »Ich finde, unser Projekt *ChangeX* war mal wieder eine Meisterleistung!«

   T: _____
   A: _____
   L: _____
   K: _____

2. Eine Abteilungsleiterin sagt zu einem Mitarbeiter in einem Beurteilungsgespräch: »Herr Müller, mit welcher Schulnote würden Sie Ihre persönliche Arbeitsleistung des letzten Jahres bewerten?«

T: _____
A: _____
L: _____
K: _____

3. Geschäftsführer Meier spricht in der Pause einer Team-
   sitzung den Kollegen Müller an: »Herr Müller, warum
   haben Sie eigentlich vorhin permanent den Kollegen
   Schmidt unterbrochen?«
T: _____
A: _____
L: _____
K: _____

4. Der Geschäftsführer fragt einen Mitarbeiter in einem
   vertraulichen Gespräch unter vier Augen: »Herr Huber,
   welchen Eindruck haben Sie eigentlich von Ihrem Abtei-
   lungsleiter Schmidt?«
T: _____
A: _____
L: _____
K: _____

5. In einer Besprechungsrunde äußert sich der zuständige
   Abteilungsleiter nach einer längeren Diskussion über ei-
   nen Tagesordnungspunkt wie folgt: »Wir haben jetzt lan-
   ge genug geredet; wir beginnen das Projekt so, wie ich es
   schon vor zwei Wochen vorgeschlagen habe.«
T: _____
A: _____
L: _____
K: _____

Das TALK-Modell liefert Erklärungen und Interpretationshilfen,
um Kommunikation insgesamt besser zu verstehen. Es bietet uns

die Möglichkeit, Aussagen auf vier Ebenen (Tatsachen, Ausdruck, Lenkung, Kontakt) zu untersuchen. Viele Kommunikationsprozesse sind jedoch durch Missverständnisse, emotionale Verstimmungen und Konfliktsituationen geprägt. Hilfe kann dann oft nur noch eine Metakommunikation leisten – ein Instrumentarium, auf das im nächsten Abschnitt näher eingegangen wird.

Metakommunikation – reden über Gespräche

In Konfliktsituationen ist es oft schwer, Gedanken, Gefühle und Situationen objektiv beurteilen zu können – insbesondere dann, wenn wir selbst darin verstrickt sind. Eine Möglichkeit, aus diesem Dilemma herauszukommen, besteht darin, Metakommunikation anzuwenden. Dies bedeutet, die Kommunikation selbst zum Thema zu machen und darüber offen zu reden. Metakommunikation ist also die *Kommunikation über Kommunikation*.

Zur Metakommunikation begeben sich die Partner bildhaft gesprochen auf einen Hügel, um Abstand zu nehmen vom Getümmel, in das sie selbst verstrickt sind und wo sie nicht mehr weiterwissen. Wer zur Seite tritt, sich quasi auf eine andere Ebene (Meta-Ebene) stellt, hat gute Chancen herauszufinden, worum es in einem Gespräch, in einem Streit oder Konflikt eigentlich geht. Metakommunikation will sozusagen einen Blick hinter die Kulissen werfen. Das, was vordergründig stattfindet, ist hierbei nicht von Interesse, sondern es wird nach den Hintergründen und Strukturen des Konflikts gefragt.

Die agierenden Personen sollen dazu animiert werden, ihr Sprechen und Handeln aus einer distanzierteren Perspektive zu betrachten. Denn wenn es den Gesprächspartnern gelingt, offen darüber zu reden, warum ihre Diskussion diesen und nicht jenen Verlauf genommen hat, warum Aggressionen aufgetreten sind und welche Worte irritierend oder gar verletzend waren – dann werden im Gespräch Selbstheilungskräfte freigesetzt, die für alle Beteiligten von Nutzen sind.

Metakommunikation ist deshalb stets auch ein Stück Selbsterfahrung und erfordert Mut, Offenheit und Fairness von allen Beteiligten. Es ist also nicht verwunderlich, wenn Führungskräfte, aber auch Mitarbeiterinnen und Mitarbeiter solchen klärenden Gesprächen lieber aus dem Weg gehen. Allerdings werden Kommunikationsprobleme nicht kleiner, wenn wir sie ständig ignorieren – ganz im Gegenteil!

Selbstverständlich kann eine Kultur des Schweigens und Duldens, die zum Teil immer noch in Unternehmen vorherrscht, nicht von heute auf morgen in ein metakommunikatives Klima verwandelt werden. Daher ist zweifelsohne Mut gefragt, wenn Führungskräfte Metakommunikation als Klärungshilfe einsetzen. Im Berufsalltag gibt es jedoch häufig Situationen, in denen dieses Instrument weiterhelfen könnte, wie die folgenden Beispiele zeigen.

Beispiele

Beispiel 1: Metakommunikation im Arbeitsteam[11]

Frau Helbig hat seit geraumer Zeit Schwierigkeiten mit einigen Kollegen. Mit ihrem Vorgesetzten, Herrn Denker, hat sie bereits ein Gespräch darüber geführt. Beide sind zum Entschluss gekommen, dass Frau Helbig ihre Probleme in der nächsten Teamsitzung offen ansprechen sollte. Herr Denker geht in die Offensive und kündigt per E-Mail eine *besondere Teamsitzung* an, die konkret in fünf Phasen verläuft:

- Anfangsrunde/Themensammlung: Alle äußern sich reihum zu den verschiedenen Punkten der Tagesordnung. Neue Themen werden genannt und aufgenommen. Frau Helbig hat so die Gelegenheit, ihr Thema gleichberechtigt einfließen zu lassen; es heißt *mangelnde Anerkennung im Team*. Murren, Unmut in der Runde – doch Herr Denker nimmt es in die Themenliste auf.
- Verabredung des weiteren Vorgehens, Reihenfolge der Themen und Zeitplan: Nach diesem Einstieg findet eine Abstimmung und eine kurze Diskussion darüber statt, welches die dringlichsten Themen sind. Die Integration von Frau Helbig wird

von der Mehrzahl der Anwesenden als eines der wichtigsten Themen gesehen.

- Bearbeitung des Themas von Frau Helbig: Herr Denker schlägt vor, Frau Helbigs Problem auf drei Ebenen zu diskutieren: der persönlichen, der sachlichen und der zwischenmenschlichen. Zunächst äußert sich Frau Helbig. Sie schildert den Sachverhalt, ihre persönliche Sichtweise inklusive Gefühle und Emotionen sowie die Auswirkung auf die Zusammenarbeit mit den Kolleginnen und Kollegen. Anschließend kommen alle Anwesenden reihum zu Wort. Herr Denker moderiert die Diskussion.
- Lösungsschritte: Nun geht es darum, den Konflikt zu bearbeiten. Verschiedene Lösungen werden angesprochen, unter anderem: Frau Helbig wird ein »Pate« zur Verfügung gestellt, der für eine gewisse Zeit ihre weitere Einarbeitung und Teamintegration verfolgt. Nach dieser Klärung werden die anderen Punkte der Tagesordnung bearbeitet.
- Zum Schluss der Teamsitzung führt Herr Denker noch ein Abschlussblitzlicht durch, indem sich nochmals alle reihum kurz äußern. Frau Helbig äußert Erleichterung, die meisten der Kolleginnen und Kollegen sind auch zufrieden mit der Sitzung und merken an, dass sie nun das Verhalten von Frau Helbig besser verstehen.

Beispiel 2: Der Meta-Fragebogen

Der Geschäftsführerin einer Medienagentur, Frau Dr. Schmidt, ist schon seit einiger Zeit aufgefallen, dass die Teambesprechungen recht chaotisch und kontrovers ablaufen. Die Stimmung unter den Teilnehmern ist meist gereizt, oft auch aggressiv. Ihr Versuch, dies durch Gespräche unter vier Augen zu klären, war bislang wenig erfolgreich. Was könnte sie also noch tun? Nach reiflicher Überlegung startet Frau Schmidt folgenden Versuch: Sie entwirft einen Fragebogen und händigt ihn ihren Mitarbeiterinnen und Mitarbeitern aus. Alle Beteiligten sind aufgefordert, sich schriftlich und anonym zu äußern.

Der Fragebogen zur Metakommunikation

Geben Sie bitte auf die folgenden Fragen eine ehrliche Antwort. Versuchen Sie, Ihre Antwort auch kurz zu begründen.

1. »Ich habe immer die Möglichkeit, meine eigenen Ansichten in Teamsitzungen einzubringen.« Trifft diese Aussage zu?
eher ja/eher nein
Begründung: _____

_____

_____

_____

2. »Wenn in Meetings gesprochen wird, hören die anderen Teilnehmerinnen und Teilnehmer meistens aufmerksam zu.« Entspricht diese Aussage der Realität?
eher ja/eher nein
Begründung: _____

_____

_____

_____

3. »Persönliche und inhaltliche Meinungsverschiedenheiten und Differenzen werden in unseren Sitzungen meistens konstruktiv diskutiert.« Stimmen Sie dieser Aussage zu?
eher ja/eher nein
Begründung: _____

_____

_____

_____

4. »Unsere Teamsitzungen könnten strukturierter und kreativer ablaufen, wenn ...« Nennen Sie bitte einige konkrete Vorschläge.

_____

_____

_____

_____

Was in *Beispiel 1* so einfach klingt, stellt in der Praxis hohe Anforderungen an Mitarbeiterinnen und Mitarbeiter sowie Führungskräfte. Die mit der Metakommunikation verbundene Gruppendynamik ist ein schwieriges Unterfangen, das viel Übung und

Erfahrung erfordert (siehe dazu auch Kapitel 4 *Der Moderator – Leiter, Trainer, Psychologe?*). Hier sollte man sich als Führungskraft also durchaus Anfangsfehler zugestehen. Dies sollte jedoch niemanden davon abhalten, Metakommunikation zu unterstützen und zu pflegen. Die Erfahrung am eigenen Leib ist dabei immer sinnvoll – sei es, dass man selbst Teilnehmer einer metakommunikativen Teamrunde ist oder sich Unterstützung im Rahmen einer Fortbildungsveranstaltung sucht.

In *Beispiel 2* ist das Ziel der Geschäftsführerin offensichtlich: Ihre Mitarbeiterinnen und Mitarbeiter sollen die Möglichkeit haben, ohne Gruppendruck ihre individuelle Meinung anonym zum Ausdruck zu bringen und Verbesserungsvorschläge zu unterbreiten. Selbstverständlich ist diese Form der schriftlichen Metakommunikation kein Allheilmittel für Kommunikationsprobleme schlechthin. Konkrete Gespräche zwischen der Geschäftsführerin und den Mitarbeiterinnen und Mitarbeitern müssen selbstverständlich nach Auswertung der Bögen noch erfolgen. Sollte sich dabei herausstellen, dass die Konflikte innerhalb des Teams nicht zu lösen sind, können externe Beraterinnen und Berater als so genannte *Meta-Helfer* herangezogen werden. Die Konfrontation mit einer Sichtweise von außen kann oft zu fruchtbaren Klärungsprozessen führen. Dies vergrößert die Chance, sich besser metakommunikativ miteinander zu verständigen.

Gibt es geschlechtsspezifisches Kommunikationsverhalten?

In Kapitel 1 wurde schon angesprochen, dass gute Führung nicht geschlechtsspezifisch ist, wir aber alle immer wieder in *Geschlechterfallen* tappen. Dies sind die verschiedenen Klischees und Vorurteile, die Männer und Frauen gleichsam hegen und pflegen. Wie sieht es nun mit dem Kommunikationsverhalten der Geschlechter aus? Anders ausgedrückt: Reden Frauen anders als Männer? Sozialwissenschaftliche Untersuchungen zeigen insbesondere

drei wesentliche Unterschiede im Kommunikationsverhalten von
Männern und Frauen:

- Frauen verwenden in Gesprächen wesentlich häufiger als Männer einschränkende Formulierungen (vielleicht, irgendwie,
  eventuell).
- Frauen reagieren intensiver auf atmosphärische Störungen in
  Gesprächen.
- Frauen unterbrechen ihre Gesprächspartner seltener als Männer; sie agieren insgesamt höflicher und zurückhaltender.

Verschiedene Weltbilder

Dieses unterschiedliche Kommunikationsverhalten beruht offensichtlich auf zwei verschiedenen Weltbildern. Frauen, die beruflich
»ihren Mann stehen«, wollen häufig auch im Geschäftsleben kommunikative Nähe zu ihren Gesprächspartnerinnen und Gesprächspartnern herstellen, Übereinstimmung erzielen und Vorschläge unterbreiten. Befehle zu erteilen ist für viele Frauen ein Gräuel. Selbst
Frauen, die als Managerinnen Spitzenleistungen erbringen, neigen
dazu, sich klein zu machen, um Unterschiede zwischen sich und ihren Gesprächspartnern auszugleichen. »Frauen wollen häufig
nicht besser sein, sondern gleich«, so ein Interviewpartner.

Das männliche Weltbild dagegen ist stärker auf Wettkampf und
Sieg ausgelegt. Ein Mann denkt eher: Bin ich besser als mein Gegenüber? Verdiene ich mehr? Wer kann mich in meiner Karriere
unterstützen? Kein Wunder, dass es dadurch im Berufs- wie im Privatleben immer wieder zu Missverständnissen zwischen den Geschlechtern kommt, was die amerikanische Autorin Deborah Tannen in dem Satz zusammenfasst: »Du kannst mich einfach nicht
verstehen.«

Während Männer in Gesprächen eher ihre Ziele darauf ausrich-
ten, Informationen zu erhalten, die ihnen nützlich erscheinen, definieren Frauen in Diskussionen mit anderen auch ihre Beziehung
zum Gegenüber. Sie achten stärker darauf, ob die Gesprächsatmo-
sphäre gut ist und ob die Kommunikation insgesamt partnerschaft-

lich verläuft. Da Frauen weniger stark nach dem Muster Sieg oder Niederlage denken, sondern lieber *unter Gleichen* sein wollen, ist zumeist auch ihr Sprachverhalten weniger direkt und kraftvoll.

Schnörkellose Sprache statt indirekte Formulierungen

Was auch immer das Weltbild und das Kommunikationsverhalten von Frauen und Männern prägt, das heutige Arbeitsleben nimmt darauf wenig Rücksicht. Wer in Verhandlungen herumstottert und seine Redeangst offen zeigt, hat meist schon verloren. Eine direkte Sprache ohne Schnörkel und einschränkende Formulierungen findet dagegen im Berufsleben Anerkennung und Respekt – sowohl bei Männern als auch bei Frauen. Dennoch, es gibt sie – die Unterschiede in der Kommunikation zwischen Männern und Frauen. Es handelt sich dabei vor allem um die zahlreichen indirekten Formulierungen, die (unbewusst) überwiegend von Frauen benutzt werden.

Beispiele

Beispiel 1: Berufliche Alternative
Eine junge Sekretärin (28 Jahre) sagte mir in einer Seminarpause: »Ich bin meinen Job so leid, aber irgendwie finde ich nicht den Absprung. Ich würde ja gerne etwas anderes machen, aber vielleicht ergibt sich ja noch was in meiner jetzigen Firma.«

Wie hätte es wohl gewirkt, wenn die Sekretärin stattdessen folgende Worte gewählt hätte: »Ich bin meinen Job leid, sehe aber zur Zeit keine berufliche Alternative. Ich habe mich nun entschlossen, an diesem unbefriedigenden Arbeitsplatz so lange zu bleiben, bis ich konkret weiß, in welche Richtung ich weitergehen möchte. Am Freitag habe ich einen Beratungstermin beim Arbeitsamt.«

Beispiel 2: Arbeitsüberlastung
Eine Kollegin bittet Frau Müller, eine ihrer Aufgaben zu übernehmen. Frau Müller reagiert wie folgt: »Ich würde dir ja gerne hel-

fen, aber ich weiß nicht, ob ich es schaffe, weil ich selbst so viel zu tun habe. Aber gib mir mal die Unterlagen her; ich schau sie mir mal an. Vielleicht schaffe ich es ja doch.«

Würde Frau Müller klar und selbstbewusst kommunizieren, könnte ihre Antwort lauten: »Nein, ich kann dir diese Aufgabe nicht abnehmen, weil ich selbst in Arbeit ersticke. Ich schaffe es definitiv nicht. Frage doch Herrn Meier. Er kennt sich auch mit diesem Projekt aus und hilft dir sicher gerne weiter, wenn er Zeit hat.«

Jede Führungskraft sollte sich bewusst sein: Klare, freundliche Worte sorgen für klare Verhältnisse. Es geht nicht darum, sich in seiner Persönlichkeit zu verbiegen, sondern unnötige Sprachschnörkel in Gesprächen zu vermeiden. Sprache lässt sich trainieren und verändern. Beruflich ist eine klare, deutliche Rhetorik für Frauen wie Männer deshalb von großer Bedeutung, weil damit Durchsetzungsfähigkeit, Sachkompetenz und Souveränität verbunden wird.

Zusätzlich ist anzumerken: Je höher Frauen in der beruflichen Hierarchie aufsteigen, desto weniger kommunizieren sie mit einschränkenden Formulierungen. Sie müssen zahlreiche Gespräche führen, Vorträge halten und Meetings leiten, deshalb sind sie im sprachlichen Umgang mit anderen entsprechend geübt und geschickt. Kommunikationskompetenz hat somit wesentlich mit der Reflexion des eigenen Sprachverhaltens, mit Übung und Erfahrung zu tun.

3.

Gesprächskompetenz – Mitarbeitergespräche erfolgreich führen

Leitfragen

Wie sollte man schwierige Mitarbeitergespräche führen?
Was sind die Grundlagen der Gesprächsführung?
Wie lassen sich Konflikte im Berufsalltag lösen?
Nonverbale Kommunikation: (Ohn)Macht ohne Worte?

Eine gute Kommunikation im Berufsleben setzt eine professionelle Gesprächsführung voraus. Dabei geht es jedoch nicht allein um Sachargumente. Wie schon erläutert, beruht jede Kommunikation auf vier Säulen. Die Art und Weise, wie wir etwas vermitteln und wie konstruktiv wir Konflikte lösen, prägt die Beziehung zwischen uns und anderen. Dies gilt insbesondere bei schwierigen Mitarbeitergesprächen.

Keine Angst vor schwierigen Mitarbeitergesprächen

Viele Menschen vertreten die Auffassung, dass derjenige gut kommuniziert, der sein Mundwerk gut und flink einsetzt. Daher verwundert es auch nicht, dass rhetorisch geschulte Menschen glauben, ein leichtes Spiel zu haben, wenn sie auf weniger Redegewandte treffen. Sie sehen Kommunikation als eine Art Kampfspiel, in dem es Sieger und Verlierer gibt und ein Miteinander nur dann, wo es um den persönlichen Vorteil geht. Eine solche Sichtweise ist

durchaus legitim, lässt jedoch einen wichtigen Punkt außer Acht:
Es gibt keine Macht ohne Verantwortung!

Wer als Führungskraft Mitarbeitergespräche führt, trägt auch
Verantwortung dafür, wie die Kommunikation insgesamt verläuft.
Auch wenn Kommunikation ein Prozess ist, den beide Gesprächs-
partner gestalten, sollte die Gesprächsführung in der Hand des
Vorgesetzten liegen. Kein Wunder, dass diese Verantwortung – so-
fern sie uns überhaupt bewusst ist – belastend sein kann oder gar
Ängste auslösen kann.

Angst überwinden

Angst lähmt, Angst essen Seele auf, Angst ist ein schlechter Ratgeber. Wir alle kennen solche und ähnliche Redewendungen. Aber
wer Verantwortung trägt, kommt um schwierige Entscheidungen
nicht herum. In der Zusammenarbeit mit Menschen ist zwar Vorsicht, doch nicht Furcht oder Panik gefragt. Bei näherer Betrachtung erweist sich die Angst vor schwierigen und emotional unbere-
chenbaren Gesprächen zwar als lästiges Übel, aber es ist in den
Griff zu bekommen. So bereiten viele berufliche Gesprächssituationen Führungskräften nur deshalb Probleme, weil sie nicht wissen, wie sie ihre Meinung überzeugend vermitteln können. Gerade
in Seminar- und Coachingsituationen wird diese Tatsache oft deutlich. Was also tun?

Tipp

Der wichtigste Tipp lautet: Wenn es um kritische Punkte
geht, die Angst auslösen, ist stets Planung und Vorbereitung
erforderlich. Hier sollten Sie nichts dem Zufall überlassen
und sich weder auf Ihr Fachwissen noch auf Ihre Intuition
oder auf Ihr Glück verlassen. Schwierige Gespräche sollten
gut vorbereitet sein, damit Versagensängste nicht die Über-
hand gewinnen.

Beispiel

Einem jungen Abteilungsleiter wurde eine zusätzliche Stelle für den Bereich *Internationale Beziehungen* genehmigt. Es ging darum, einen Verkaufsleiter für den spanischen Markt zu finden. Vor der Ausschreibung hatte bereits die Kollegin Krämer Interesse an der neuen Stelle geäußert. Frau Krämer betreute mit Erfolg den französischen Markt, lernte jedoch seit zwei Jahren Spanisch und hätte gerne die Verkaufsleitung für beide Marktsegmente übernommen. Bei einem der Bewerber für das neue Segment *spanische Märkte* handelte es sich um Herrn Huber, der sowohl Deutsch als auch Spanisch perfekt in Wort und Schrift beherrschte. Kollegin Krämer sah ihre Karrieremöglichkeiten nun deutlich eingeschränkt und reagierte verärgert auf den zukünftigen Kollegen.

Der Abteilungsleiter als Vorgesetzter von Frau Krämer möchte nun in einem Gespräch mit ihr diese Unstimmigkeit aus dem Weg räumen. Ihn selbst plagen Unsicherheit und Angst, da er zwar weiß, dass er das Mitarbeitergespräch führen muss, jedoch nicht weiß, wie er es erfolgreich führen kann.

Gespräche vorbereiten

Zunächst ist es zweckmäßig, sich bei wichtigen Gesprächen nicht nur auf das eigene (hoffentlich) gute Gedächtnis zu verlassen, getreu dem Motto: »Ich weiß ja, worum es geht und habe alle Fakten im Kopf.« Das erste und einfachste Mittel, ein Mitarbeitergespräch erfolgreich zu gestalten, ist, sich vorab zu überlegen: »Was kommt auf mich zu?« Wer *Besprechungen schriftlich plant,* stimmt sich dadurch auf das Gespräch ein.

Der Abteilungsleiter in dem Beispiel sollte sich also diese Frage stellen und das Gespräch schriftlich vorbereiten. Dabei sollte er sich überlegen, was er persönlich in diesem Gespräch mit Frau Krämer erreichen möchte. Andererseits muss er auch die Argumente der Gesprächspartnerin berücksichtigen. Welche Einwände wird sie anführen und wie kann er darauf reagieren? Angesichts der Tatsache, dass er Frau Krämer seit Jahren kennt, dürfte es ihm nicht schwer fallen, realistische Vermutungen anzustellen. Wird sie empört sein? Wird sie sachliche Argumente anführen? Wie wird sie sich wohl insgesamt verhalten?

Sinnvoll ist es, wenn sich der Abteilungsleiter im Vorfeld nochmals die Stärken der Mitarbeiterin vor Augen führt. Wie kann er sie für ihre Arbeit motivieren? Worin kann er sie unterstützen? Welche Entwicklungsperspektiven im Unternehmen kann er ihr aufweisen? Und schließlich: Auch die Rahmenbedingungen sollten geklärt werden. Selbstverständlich muss ein gemeinsamer Termin gefunden werden, an dem Abteilungsleiter und Mitarbeiterin ausführlich miteinander reden können. Die Festlegung von Ort, Zeitpunkt und Gesprächsdauer gehören zu einer erfolgversprechenden Vorbereitung genauso wie die intensive Auseinandersetzung mit dem eigenen Standpunkt und den möglichen Einwänden des Gesprächspartners. Als roter Faden sind gewisse Fragen in der schriftlichen Vorbereitung besonders hilfreich.

Checkliste

Gesprächsvorbereitung

- Welche Themen, welche Besprechungspunkte stehen an?
- Wie ist mein Standpunkt? Was sind meine wichtigsten Argumente zu diesem Thema?
- Was will ich erreichen? Was ist mein persönliches Gesprächsziel?
- Wer ist mein Gesprächspartner/meine Gesprächspartnerin (Stärken und Schwächen der Person)?
- Mit welchen Einwänden muss ich rechnen, und wie kann ich diesen begegnen?
- Welche Kompromisse sind denkbar? Wie kann ich den/die Mitarbeiter/in motivieren?
- Welche Rahmenbedingungen müssen geklärt werden (Ort, Zeitpunkt, notwendige Unterlagen)?

Tipp

Ein Vorbereitungsformular (siehe Checkliste) – im Ordner abgeheftet oder im PC als Vorlage gespeichert – kann jeder Führungskraft helfen, sich gezielt auf schwierige Gespräche vorzubereiten. Selbstverständlich ist dies kein Allheilmittel für jedes Gespräch. Eine gezielte Vorbereitung vermindert jedoch die eigene Unsicherheit und vergrößert damit die Chance für ein erfolgreiches Mitarbeitergespräch.

Grundlagen der Gesprächsführung

Wenn man erfahrene Führungskräfte nach erfolgreichen Rezepten zur guten Kommunikation fragt, kommt häufig der Hinweis auf gezielte Vorbereitung, strategische Überlegungen, intuitives Gespür und ein Quäntchen Glück. Wer andere überzeugen möchte, benötigt in der Tat verschiedene Hilfsmittel, um Sitzungen und Gespräche erfolgreich zu bestreiten.

Vier Kommunikationsbegriffe auf einen Blick

1. Gespräch: Im Berufs- wie im Privatleben gibt es eine Fülle unterschiedlicher Gesprächsformen (Small Talk, Mitarbeiter-, Verkaufs- und Kundengespräch). Dabei kann es um kritische, aber auch um einfache Themen gehen.
2. Verhandlung: Eine Verhandlung ist meist eine ernste Angelegenheit. Verhandlungen sind zielorientiert und konzentrieren sich meist auf ein Thema. Beispiele hierzu sind Gehalts- und Tarifverhandlungen
3. Strategie: Der Begriff stammt aus dem militärischen Sprachgebrauch und kann als *Vorgehen nach Plan* definiert werden. Gesprächsstrategien sind immer dann sinn-

voll, wenn wir konkrete Ziele haben, die wir erreichen möchten.

4. *Taktik:* Taktieren meint berechnendes, zweckbestimmtes Vorgehen. Im Rahmen eines strategischen Gesamtkonzepts umfasst die Taktik die vielen Einzelschritte, die zum Erreichen des Ziels führen.

Der Gesprächseinstieg

Der erste wichtige Aspekt ist die Orientierung an der Checkliste »Gesprächsvorbereitung«. Bei einer guten Vorbereitung sollte man mögliche Argumente des Gesprächspartners schon durchgespielt haben. Denn im Gesprächsverlauf muss der Vorgesetzte als Gesprächsleiter *vorausschauend* agieren. Aber bereits beim *Einstieg* kann man in so manches Fettnäpfchen treten.

Das Wichtigste jedoch ist: Die Führungskraft sollte für eine entspannte, gute Atmosphäre sorgen. Dies ist natürlich manchmal schwierig, vor allem, wenn es um kritische Punkte geht und man selbst die Situation als Belastung empfindet. Aber gerade bei schwierigen Besprechungen ist es wichtig, von Beginn an auf eine sachliche, ruhige Atmosphäre Wert zu legen. Wenn hektische Aufregung herrscht, ist die Chance auf ein sachliches Gespräch eher gering. Deshalb sollte immer auf einen ruhigen Einstieg geachtet werden, indem man dem Gesprächspartner einen Platz anbietet, ein Getränk serviert, das Thema des Gesprächs benennt und dann zur Sache kommt.

Die Hauptphase

Gesetzt den Fall, das *Warm-up* ist gelungen. Wie soll es nun weitergehen? Wie kann die Hauptphase des Gesprächs gelingen? Der Austausch von Argumenten, Einschätzungen und Gefühlen steht im Zentrum des Gesprächs – gekoppelt mit Fragen, aktivem Zuhören und dem Überdenken der Situation. Hierbei hängt es sicherlich vom Gesprächsthema ab, wie lange geredet wird, ob viele Sachfragen zu klären sind oder ob es lediglich um eine kurze Abstimmung geht, weil man sich argumentativ einig ist.

Führungskräfte neigen oft dazu, lange Monologe zu führen und selten Fragen zu stellen. Dadurch vergeben sie sich viele Chancen. So erfahren sie beispielsweise weniger über die Hintergründe eines bestimmten Verhaltens oder von neuen, interessanten Ideen. Fragen wie »Herr Schuster, schildern Sie doch bitte das Problem aus Ihrer Sicht« oder »Frau Müller, bitte nennen Sie mir doch die Gründe, warum Sie gegen dieses Projekt Bedenken haben« sind Beispiele dafür, wie Führungskräfte ihren eigenen Redefluss unterbrechen können (siehe dazu den Abschnitt *Die Kunst der Fragestellung*).

Zu einer erfolgreichen Gesprächsstrategie gehört der Austausch von Argumenten: Was spricht dafür? Was spricht dagegen? Wer als Vorgesetzter glaubt, primär im Recht zu sein, wird nie begreifen, dass gerade die Einwände von Mitarbeiterinnen und Mitarbeitern wertvolle Anregungen sein können, um möglichen Fallstricken vorzubeugen. Wichtig ist außerdem, sich immer wieder vor Augen zu führen, dass in jeder Sachinformation stets auch andere Botschaften enthalten sind, wie beispielsweise Appell, Beziehung oder Selbstoffenbarung (siehe *TALK-Modell)*. Wenn etwa ein Mitarbeiter häufig dasselbe Argument anbringt (oder ablehnt), will er möglicherweise etwas anderes damit signalisieren. Nicht selten verstecken sich hinter Vorwänden auch persönliche Unsicherheiten, etwa »Mir ist es einfach zu mühsam, mich auf ein neues Konzept umzustellen«.

Als Führungskraft sollte man sich auch stets darüber bewusst sein, dass nur wenige Mitarbeiterinnen und Mitarbeiter ihre Ängste einem Vorgesetzten gegenüber offen zugeben. Daher sind häufig – um die *wahren Gründe* zu erfahren – sensible Formulierungen und Fragestellungen angebracht, etwa im Sinne von: »Welche konkreten Befürchtungen haben Sie?« oder »Ich vermute, dass viele Kolleginnen Akzeptanzprobleme mit dem neuen Konzept haben. Haben Sie eine Idee, was man dagegen tun kann?«

Der Ausstieg

Auch der Abschluss eines Gesprächs sollte nach Möglichkeit in ruhiger und sachlicher Atmosphäre erfolgen. Je nach Wichtigkeit des Themas bietet ein Gesprächsabschluss unterschiedliche Gestaltungsmöglichkeiten. Immer hilfreich ist es, die wichtigsten Gesprächspunkte nochmals zusammenzufassen. Ein kurzes, knappes Fazit und der Blick auf eventuell weitere Terminvereinbarungen sollten am Ende einer Besprechung niemals fehlen. Dann kann zum Tagesgeschäft zurückgekehrt werden.

Tipp

Unsere innere Einstellung sowohl zum Thema als auch zum Gesprächspartner spielt in jeder Kommunikation eine entscheidende Rolle. Versuchen Sie primär, zuversichtlich an Gesprächssituationen heranzugehen – so schwierig diese auch sein mögen. Gewöhnen Sie sich an, Ihren Mitarbeitern vorurteilsfrei zu begegnen. Fragen Sie stattdessen nach den Gründen für ein bestimmtes Verhalten. Beispiel: Wer einem Mitarbeiter unterstellt, dass sein häufiges Zuspätkommen die Folge eines unsteten Lebenswandels ist, wird nie erfahren, dass ein Pflegefall in der Familie die eigentliche Ursache ist. Sprechen Sie die Dinge an, die stören. Wer, wenn nicht Sie als Vorgesetzter, soll es sonst tun?

Sonderfall: Gespräche unter Zeitdruck

Heutzutage scheint es schick zu sein, keine Zeit zu haben. Wer immer aktiv ist, rund um die Uhr im Einsatz, gilt als erfolgreicher Mensch, ohne dessen Aktivität nichts geht. Man wird dringend gebraucht. Kein Wunder, dass man keine Zeit hat. Zwar mehren sich in den letzten Jahren die Stimmen, die ein Lob auf die Langsamkeit anstimmen, aber in der Praxis bestimmen meist Hektik und Stress den Berufsalltag.

Das Medium Internet ermöglicht heutzutage die Kommunikation per Mail im Sekundentakt. Im Gespräch unter vier Augen oder in einem Meeting spielt der Faktor Zeit jedoch eine andere Rolle. Hier klagen viele über Endlos-Meetings, deren Effizienz oft zu wünschen übrig lässt. In diesem Fall liegt die Frage nahe, ob nicht generell kurze Besprechungen zu empfehlen wären. Schließlich liegt bekanntlich in der Kürze die Würze. Nun macht es sicherlich keinen Sinn, generell alle Meetings auf eine bestimmte Zeit, beispielsweise 30 Minuten, zu fixieren. Häufig ist dies unrealistisch, weil wichtige Fragen und Probleme – vor allem auch mit mehreren Gesprächspartnern – selten in einer kurzen Zeitspanne befriedigend gelöst werden können.

Aber jede Führungskraft hat die Möglichkeit, ihr Gesprächsverhalten zu verbessern und auch Gespräche zeitlich zu beeinflussen. Die folgenden Beispiele geben Anregungen und Hilfestellungen für Gespräche unter Zeitdruck.

Beispiele

Beispiel 1

In Ihrer Firma wird das Prinzip der offenen Tür praktiziert, daher können Ihre Mitarbeiterinnen und Mitarbeiter jederzeit zu Ihnen kommen. Wie können Sie als Vorgesetzter dennoch sicherstellen, dass wichtige Anliegen von weniger wichtigen unterschieden werden?

Tipp: Hier bieten sich Fragen als schneller und guter Filter an. Gewöhnen Sie sich deshalb an, bei Problemen Ihrer Mitarbeiterinnen und Mitarbeiter klare, präzise Fragen zu stellen, um möglichst rasch zum Kern des Themas vorzustoßen. Hier gilt das Motto: Wer Fragen stellt, führt!

Beispiel 2

Ein Kollege kommt im Flur auf Sie zu und sagt: »Du, ich habe da ein Problem ...« – und nun regnet ein Wortschwall auf Sie herab.

Sie sind jedoch auf dem Weg zu einem wichtigen Meeting. Was tun Sie? Bleiben Sie stehen und hören (ungeduldig) zu oder würgen Sie den Kollegen ab mit den Worten: »Ich habe jetzt keine Zeit!«

Tipp: Unterbrechen Sie höflich, aber bestimmt. Signalisieren Sie Gesprächsbereitschaft zu einem anderen Zeitpunkt. Je nach Dringlichkeit des Problems sollten Sie mit dem Kollegen einen baldigen Gesprächstermin vereinbaren. Wichtig ist aber auch, ihm kurz zu schildern, warum Sie gerade jetzt kein Ohr für ihn haben.

Beispiel 3

Ein Mitarbeiter ruft Sie aufgeregt an. Ein Kollege hatte einen schweren Autounfall und wird wohl längere Zeit im Krankenhaus verbringen müssen. Wer soll nun seine Projekte weiterführen? Wer ist zu informieren? Wer kann als Vertretung eingesetzt werden?

Tipp: Wichtig ist in einem solchen Fall, genaue Informationen zu bekommen, damit Sie als Verantwortlicher schnelle und effiziente Entscheidungen treffen können. Hier müssen Sie als Führungskraft rasch und gezielt delegieren.

Beispiel 4

Ein Kollege lässt nicht locker. Er braucht dringend Ihren Rat in einer wichtigen Angelegenheit. Sie sind selbst unter Zeitdruck. Was tun?

Tipp: Geben Sie sich und ihm einige Minuten Zeit (etwa fünf bis zehn Minuten), indem Sie ihn bitten, in wenigen Sätzen das Problem zu schildern, ihm dabei aufmerksam zuhören, sich eventuell dabei Notizen machen und erste Vorschläge unterbreiten. Es wirkt immer überzeugend, wenn Sie als Führungskraft klare Zeitsignale geben. Signalisieren Sie Ihrem Gegenüber: Ich höre dir zu, bringe aber deine Sache auf den Punkt, auch meine Zeit ist begrenzt.

Zeitdruck wirkt immer ansteckend. Wenn ein Mensch hektisch und nervös ist, redet er meist auch schneller als gewöhnlich. Die Folge: Stress erzeugt Gegenstress und kann die Befindlichkeit des Gesprächspartners deutlich negativ beeinflussen. Es nützt zumeist auch nichts, mit Worten beruhigen zu wollen, wie beispielsweise: »Nun mal langsam. Regen Sie sich doch nicht so auf!« Akzeptieren Sie die Gemütslage des Gesprächspartners, versuchen Sie aber, selbst einen kühlen Kopf zu bewahren. Ein klarer Kopf kann besser denken. Versuchen Sie durch gezielte Fragen, das Problem des Mitarbeiters zu erfassen, und machen Sie konkrete Vorschläge.

Es klingt banal, trifft aber den Kern: Für wichtige Dinge müssen Führungskräfte einfach Zeit haben beziehungsweise sich die Zeit nehmen. Wenn gewisse Probleme auf der Prioritätenskala an erster Stelle stehen, sind Ausflüchte fehl am Platz. Handeln ist angesagt – rasch, zügig, wohl überlegt. Aussitzen statt agieren kann in solchen Fällen rasch Ihre Karriere beenden.

Konfliktlösung im Berufsalltag

Die Gelegenheit zu Gesprächen unter Kollegen gibt es täglich: Konferenzen, Fachgespräche, die kleine Plauderei zwischendurch. Aber es ist für Führungskräfte auch wichtig, das Gespräch mit ihren Mitarbeiterinnen und Mitarbeitern zu suchen. Die in vielen Unternehmen mittlerweile eingeführten jährlichen Pflichtgespräche (Beurteilungs-, Zielvereinbarungs- oder Feedbackgespräche) reichen dazu nicht aus. Denn die genuine Aufgabe einer Führungskraft ist es, Mitarbeiterinnen und Mitarbeiter zu informieren, anzuleiten, zu motivieren, zu kritisieren und zu kontrollieren.

Konfliktsituationen im Berufsalltag, bei denen Vorgesetzte gefordert sind, gibt es dabei reichlich: Konkurrenz zwischen jüngeren und älteren Kolleginnen und Kollegen, Antipathien innerhalb einer Abteilung, Ärger und Missverständnisse in multinationalen Arbeitsgruppen, persönliche Probleme Einzelner (Alkohol-, Tablettensucht, Scheidungen, Krankheiten).

Die wenigsten Menschen haben gelernt, an Konflikte konstruktiv heranzugehen – im Gegenteil: Häufig verdrängen wir entweder die Probleme, oder wir sitzen sie bewusst aus. Nur wenige versuchen, Schwierigkeiten anzusprechen und sie wirklich im Sinne aller Beteiligten zu lösen. Leider erweisen sich ungelöste Konflikte jedoch als hartnäckige Begleiter: Sie tauchen immer wieder auf, und dies gerne, wenn wir sie überhaupt nicht brauchen. Meistens sind sie vielschichtig, schwer durchschaubar und auf den ersten

Blick oft nicht zu greifen. Sie werden von den Beteiligten offen oder verdeckt ausgetragen und sind meist begleitet von seelischen Verletzungen und Missverständnissen.

Wer Konfliktsituationen lösen will, benötigt nicht nur Mut, sondern auch Erfahrung im Umgang mit konstruktiven Gesprächstechniken. Denn durch unsere Sprache und unser Verhalten haben wir verschiedene Möglichkeiten, um Konflikte – wenn nicht zu lösen – doch zumindest zu klären. Dazu zählen:

- die Kunst der Fragestellung,
- Feedback geben: loben und konstruktiv kritisieren.

Die Kunst der Fragestellung

»Kinder kommen als Fragezeichen in die Schule und verlassen sie als Punkt«, so der amerikanische Medienkritiker und Buchautor Neil Postman. Anders ausgedrückt: Erwachsene wissen, Kinder fragen. Warum ist der Mond rund? Warum ist der Himmel blau? Was ist ein Traum? Warum haben wir Zehen? Wann hat die Welt Geburtstag? Auf solche Fragen zucken wir Erwachsene meist die Schultern. Und was haben solche Fragen mit dem Berufsalltag zu tun? Schließlich geht es hier zumeist um schwerwiegende Probleme, die eine rasche und effiziente Lösung verlangen.

Was wir von Kindern und ihren Fragestellungen lernen können, ist jedoch: fundamentale und unerwartete Fragen zu stellen. Gerade im hektischen Berufsalltag ist es wichtig, ein Problem konkret zu definieren und zu analysieren. Aus der Kreativitätsforschung wissen wir, dass Fragen der Schlüssel zum kreativen Denken sind.

Für eine Führungskraft bedeutet dies:

- den Mut haben, häufiger Fragen zu stellen,
- den Mut haben, auch ungewöhnliche Fragen zuzulassen.

Perspektivenwechsel

Häufig findet man eine Lösung, wenn man die Sichtweise auf das Problem verändert. Einen gezielten Perspektivenwechsel kann man beispielsweise herbeiführen, indem man Fragen *auf den Kopf stellt*. Mutige Menschen und geniale Erfinder haben dies mit Erfolg praktiziert. So erfand Henry Ford das Fließband, indem er die Frage stellte: Wie erreichen wir, dass die Arbeit zu den Leuten kommt (statt: Wie erreichen wir, dass die Leute zur Arbeit gehen?)? Oder Edward Jenner, der Entdecker des Pockenimpfstoffes, stellte sich die Frage: Warum bekommen bestimmte Menschen keine Pocken (statt: Warum bekommen Menschen überhaupt Pocken?)?

Fragen spielen jedoch nicht nur bei kreativen Denkprozessen eine entscheidende Rolle. Sie sind generell wichtige Steuerungsinstrumente in privaten wie beruflichen Diskussionen. Wer die Kunst der Fragestellung beherrscht, vermittelt seinen Gesprächspartnern nicht nur einen kompetenten Eindruck, sondern er kann auch Dialoge gezielt steuern und Klärungsprozesse herbeiführen.

Offene Informationsfragen (wer, was, wann, wie, wo, wohin, womit, warum) sind dabei besonders gut geeignet, um umfassende Informationen, Gedanken und Wünsche des Gesprächspartners zu erfahren, beispielsweise: »Wie denkst du über diesen Vorschlag? Warum hast du Bedenken?«

Alternativfragen bieten sich immer dann an, wenn Entscheidungen zu treffen sind. So können die Gesprächspartner aktiv an der Planung oder Konfliktlösung beteiligt werden. Beispiel: »Welcher Lösungsvorschlag für dieses Problem erscheint dir am sinnvollsten – Vorschlag A oder B?«

Reflektierende Fragen sind abgewandelte Wiederholungsfragen und ein sinnvolles Mittel der gegenseitigen Verständigung. In Frageform wird das wiederholt, was der Gesprächspartner gesagt hat, etwa: »Habe ich dich richtig verstanden, dass du das Projekt deshalb ablehnst, weil es finanziell zu riskant ist und wir drei Programmierer dazu neu einstellen müssten?«

Doch so wichtig das gezielte Anwenden verschiedener Fragetypen auch ist: Fragen alleine genügen nicht, um ein konstruktives Gespräch zu führen. Denn *zu viele Fragen* bergen die Gefahr, dass eine Verhöratmosphäre entsteht. Auch die Unsitte, Fragen zu stellen, aber dem Gesprächspartner die Antwort bereits in den Mund zu legen, kann das Steuerungsinstrument Fragen ad absurdum führen. Diese so genannten *Suggestiv-Fragen* (Sie sind doch auch der Meinung, dass ...) eignen sich <u>nicht</u> für ein konstruktives Gespräch. Dadurch setzt man seine Gesprächspartner unter Druck und unterstellt ihnen bestimmte Äußerungen.

Frageformen in Gesprächen – ein Überblick

Geschlossene Fragen (Ja-Nein-Fragen)
eignen sich gut, um rasch Informationen zu erhalten.

Offene Fragen (W-Fragen: wer, was, wann, wie, wo, wohin, womit, warum?)
eignen sich gut, um umfassende Informationen, Gedanken, Wünsche des Gesprächspartners zu erfahren.

Reflektierende Fragen (abgewandelte Wiederholungsfragen)
eignen sich gut, um sich über Äußerungen des Gesprächspartners wirklich zu vergewissern.

Alternativ-Fragen (Entweder-Oder-Fragen)
eignen sich gut, durch Alternativen die Entscheidung zu erleichtern.

Feedback geben: loben und konstruktiv kritisieren

Der Begriff *Kritik* ist für die meisten Menschen negativ besetzt, obwohl er bei genauer Betrachtung zwei Seiten beinhaltet: die positive Kritik (Lob) und die negative Kritik (Tadel). Wer Kritik äußert – gleichgültig, ob positive oder negative –, muss sich stets darüber im Klaren sein, dass es nie nur um die Wortwahl geht. Im *TALK-Modell* wurde gezeigt, dass jeder Satz und jedes Gespräch vier Dimensionen beinhaltet. Wir teilen Informationen mit, definieren unsere Beziehung zu unserem Gesprächspartner, offenbaren durch die Art und Weise, wie wir etwas ausdrücken, ein Stück von unserer Persönlichkeit. Im Idealfall geben wir in Konfliktsituationen unserem Gegenüber ein Feedback dazu, wie seine Äußerungen auf uns wirken. Auf der Sachebene Rückmeldungen zu geben, ist noch relativ einfach. Wir können beispielsweise fragen. »Ich verstehe deinen Standpunkt nicht. Kannst du ihn mir nochmals erläutern?« Problematischer wird es jedoch, wenn wir jemandem sagen wollen, was uns an seinem Verhalten stört. Wer hört schon gerne kritische Äußerungen, die die eigene Person betreffen?

Tipp

Wenn Sie als Vorgesetzter Ihre Mitarbeiterinnen und Mitarbeiter kritisieren, sollten Sie stets mit Widerspruch und Rechtfertigungsversuchen rechnen. Dies sind verständliche menschliche Reaktionen auf Kritik. Akzeptieren Sie einfach diese Tatsache. Aber machen Sie trotzdem sachlich und präzise deutlich, was Sie in Zukunft erwarten.

Viele Führungskräfte sind der Meinung, dass es richtig ist, geradeheraus seine Meinung zu sagen, nicht zu harmonisieren, nichts zu übertünchen. Das Problem ist jedoch, dass es häufig schwierig ist, Kritik rein sachlich anzubringen und persönliche Angriffe zu unterlassen. Stellen Sie sich vor, ein Chef sagt zu seiner Sekretärin: »Frau Müller, der Geschäftsbericht ist voller Fehler. Ich bin entsetzt. Fassen Sie das aber bitte nicht persönlich auf, sondern sachlich und objektiv.« Klingt doch absurd? Dennoch zeigt es, wie schwierig es ist, andere konstruktiv zu kritisieren.

Übung

Betrachten Sie die folgenden Aussagen unter dem Blickwinkel: Konstruktive Kritik – ja oder nein?

1. »Frau Müller, mir sind im Geschäftsbericht einige Fehler aufgefallen. Können Sie diese bitte korrigieren?«
2. »‚Frau Müller, ich habe mir den Geschäftsbericht angeschaut. Hier ist er. Schauen Sie ihn bitte an. Was fällt Ihnen auf?«
3. »Frau Müller, schon wieder sind Fehler im Geschäftsbericht. Was haben Sie zu Ihrer Entschuldigung zu sagen?«
4. »Frau Müller, wir müssen nochmals über die Fertigstellung des Geschäftsberichts reden. Manche Stellen sind mir unklar …«

Welche Kritik ist Ihrer Meinung nach konstruktiv und warum?

Die meisten Menschen konzentrieren sich auf die Fehler, die ihren Mitmenschen unterlaufen; die wenigsten äußern sich wohlwollend und lobend, wenn etwas gut läuft. Gerade Führungskräfte sollten dieses Verhalten ändern. In der Zusammenarbeit mit anderen geht es nicht nur um Fehler und Schadensbegrenzung, sondern stets auch um Anerkennung und Respekt. Motivation muss kein Mythos sein, wenn männliche und weibliche Chefs öfter loben. Denn Lob setzt neue Energie frei und beflügelt.

Voraussetzung ist allerdings, dass das Lob auf den Gelobten authentisch wirkt. Von aufgesetzten Floskeln und freundlichen Standardaussagen ist abzuraten. Loben ist ein kreativer Akt, der Menschenkenntnis und Fantasie erfordert und die jeweilige Person individuell ansprechen soll. Eine Führungskraft, die beides beherrscht – konstruktiv kritisieren und loben – wird geachtet und geschätzt.

Wie gelingt ein konstruktives Feedback?

Sachlich

Da der Ton bekanntlich die Musik macht, sollten Sie Ihre Worte sorgsam wählen. Äußern Sie Kritik in einem angemessenen, sachlichen Tonfall. Ein heikles Mitarbeitergespräch sollten Sie immer unter vier Augen führen. Wer mit einem Mitarbeiter Fehler und Schwächen bespricht, sollte ihn nicht mit Zuhörern brüskieren.

Präzise

Bringen Sie das Problem auf den Punkt. Versuchen Sie, Ihre Kritikpunkte klar und verständlich zu äußern. Beziehen Sie sich dabei auf konkrete Ereignisse und vermeiden Sie verallgemeinernde Aussagen oder Verunglimpfungen. Machen Sie deutlich, dass Ihre Kritik sich nicht auf die ganze Person bezieht, sondern dass es einzelne Verhaltensweisen sind, die Sie beanstanden.

Sensibel

Fragen Sie nach den Gründen für das offensichtliche Fehlverhalten. Analysieren Sie gemeinsam im Gespräch, warum sich der/die Kritisierte so verhalten hat. Hören Sie aufmerksam zu, was dazu geäußert wird. Und wenn Verhaltensweisen von Ihnen kritisiert werden, fragen Sie sich: Was ist an diesem Vorwurf berechtigt?

Lösungsorientiert

Unterbreiten Sie konstruktive Vorschläge. Versuchen Sie aber auch, gemeinsam Lösungen für das Problem zu finden. Dem/der MitarbeiterIn muss klar werden, dass er für die eigenen Fehler verantwortlich ist und diese zukünftig vermeiden soll. Sprechen Sie aber nicht nur an, was Ihnen missfällt, sondern heben Sie auch die Stärken des/der MitarbeiterIn im Gespräch hervor.

Motivierend
Überlegen Sie, welche Stärken und Kompetenzen Ihre Mitarbeiterinnen und Mitarbeiter auszeichnen. Suchen Sie nach Wegen, individuell zu loben. Überlegen Sie sich im Vorfeld, wie Sie Lob sprachlich so ausdrücken, dass es die entsprechende Person erfreut und motiviert.

Es ist niemals einfach, anderen Menschen ein konstruktives Feedback zu geben. Leisten Sie dazu Vorarbeit. Bleiben Sie stets mit Ihren Mitarbeiterinnen und Mitarbeitern im Gespräch, um deren Potenziale kennen zu lernen und realistisch einschätzen zu können. Wer seine Mitarbeiter kennt, dem fällt es auch leichter, ein konstruktives Feedback zu geben.

Konfliktgespräche führen – Übungsbeispiele aus der Praxis

Die Welt ist kein Paradies, trotzdem ließen sich viele Konflikte lösen oder zumindest begrenzen, wenn Menschen besser miteinander kommunizieren würden. In Zeiten von Internet, Intranet, E-Mails, Mobiltelefonen und Videokonferenzen scheint die Technik immer mehr den direkten Dialog zu ersetzen. Information wird allzu leicht mit Kommunikation verwechselt. Wer eine Nachricht (Information) versendet, sollte sich stets Gedanken darüber machen, wie diese Information beim Empfänger ankommt. Sprache – auch in elektronischer Form – ist ein wesentliches Führungsinstrument.

Um effizient führen zu können, ist ein offenes Gesprächsklima zwischen Vorgesetzten und Mitarbeitern unabdingbare Voraussetzung. Wohl kaum jemand wird dieser Aussage widersprechen. Genügen jedoch die vorgestellten Instrumente wie Feedback oder gezielte Fragestellungen wirklich, um Konfliktgespräche erfolgreich zu führen? Was tun mit einem notorischen Unpünktlichen, der stets eine plausible Erklärung bereithält? Wie soll man einer Mitarbeiterin klar machen, dass sie nicht die erforderliche Leistung erbringt? Wie kann eine Führungskraft bei Konflikten zwischen zwei Arbeitskollegen erfolgreich intervenieren?

Unangenehme, schwierige Themen zu besprechen fällt wohl keinem Menschen leicht – auch nicht Vorgesetzten. Dennoch ist es die Aufgabe einer Führungskraft, Schwierigkeiten im Team zu lösen oder zumindest zu minimieren. Darin besteht eine wesentliche Führungsaufgabe. Die folgenden drei Praxisfälle dienen als Beispiele, um die Konfliktfähigkeit in Gesprächen selbst besser einschätzen zu können.

Fallbeispiel 1: Delegationsprobleme

Herr Meier ist seit vielen Jahren Bankangestellter. In der Geschäftsstelle, in der er tätig ist, arbeiten 25 Personen. Als einer von drei Gruppenleitern ist Herr Meier für acht Mitarbeiter zuständig. Geachtet wird er vor allem von den älteren Angestellten seiner Gruppe, mit zwei jüngeren Mitarbeitern gibt es dagegen Probleme. Diese werfen Herrn Meier vor, dass er schwierige Dinge grundsätzlich lieber selbst macht, statt ihnen mehr Verantwortung zu übertragen. Herr Weber, der Geschäftsstellenleiter, möchte Herrn Meier dazu bewegen, öfter zu delegieren und seine Führungsaufgaben stärker als bisher wahrzunehmen. Dazu führt er folgendes Gespräch mit ihm.

Herr Weber: Schön, dass Sie so pünktlich sind, Herr Meier. Ich habe das Telefon umgestellt, damit wir uns auch in aller Ruhe und vor allem ungestört unterhalten können.

Herr Meier: Nur keine Umstände – was wir zu bereden haben, ist ja sicherlich rasch geklärt.

Herr Weber: Ich denke, so rasch auch wiederum nicht, Herr Meier. Schließlich steht heute die Klärung verschiedener Probleme an.

Herr Meier: Oh, das klingt ja recht dramatisch.

Herr Weber: Dramatisch wäre übertrieben, doch ich denke, dass diese Angelegenheit so wichtig ist, dass wir eine baldige gemeinsame Klärung herbeiführen sollten.

Herr Meier: Wenn Sie damit auf die jungen Mitarbeiter anspielen, insbesondere auf Herrn Schubert und Herrn Böck, dann sage ich Ihnen gleich: Ich gebe den beiden erst dann mehr Verantwortung, wenn sie reifer geworden sind. Ich als Gruppenleiter kann das doch wohl beurteilen.

Herr Weber: Sie sprechen damit den Hauptgesprächspunkt an, nämlich den Umgang mit unseren jüngeren Fachkräften. Sehen Sie, Herr Meier, mit den älteren Kolleginnen und Kollegen gibt es ja keinerlei Probleme. Die schätzen Ihr Fachwissen und Ihre kumpelhafte Art. Nur die jungen ...

Herr Meier (unterbricht): ... denen bin ich zu autoritär. Aber Sie wissen doch selbst, Herr Weber, Autorität ist an sich nichts Schlechtes. Junge Menschen brauchen heutzutage auch Vorbilder.

Herr Weber: Sie wollen aber auch eine Chance bekommen, um zu beweisen, was in ihnen steckt.

Herr Meier: Ja, ja, aber alles doch zu seiner Zeit!

Herr Weber: Herr Meier, alles, was ich von Ihnen verlange, ist, den jungen Kolleginnen und Kollegen mehr Vertrauen entgegenzubringen.

Herr Meier: Vertrauen, Vertrauen – und wenn das Vertrauen enttäuscht wird?

Herr Weber: Was kann denn schon schief gehen, wenn Sie öfters Aufgaben delegieren, überlegen Sie mal? Hat es für Sie nicht den Vorteil, dass Sie mehr Zeit haben, sich um andere, dringliche Angelegenheiten zu kümmern?

Herr Meier: Hmm. (überlegt)

Herr Weber (fährt nach einer kurzen Pause fort): Unsere gemeinsame Aufgabe ist es doch, Nachwuchs zu qualifizieren. Der Nachwuchs soll uns entlasten, damit wir unseren Kopf für andere Aufgaben frei haben. Wie könnten Sie denn selbst zu Ihrer eigenen Entlastung beitragen, Herr Meier?

Wie beurteilen Sie das Verhalten dieses Vorgesetzten?

_____

_____

_____

Wie wurde Lob und wie negative Kritik geäußert?

_____

_____

_____

Was würden Sie als Führungskraft anders machen?

_____

_____

_____

Fallbeispiel 2: Leistungsschwäche/Leistungsverweigerung

Mitarbeiter Huber zeigt in den letzten Wochen eine deutliche Verhaltensänderung. Er wirkt in Meetings häufig geistig abwesend und unkonzentriert. Nun ist er bei der Durchführung eines wichtigen Projekts zeitlich in Verzug. In Teamsitzungen führt er stets eine Reihe von Gründen an, warum er die vereinbarten Arbeitsschritte nicht erledigen konnte. Sein Vorgesetzter Schneider führt aus diesem Grund das folgende Gespräch mit ihm.

Herr Schneider: Setzen Sie sich, Herr Huber. Ich sagte Ihnen ja schon, dass ich mit Ihnen heute über ein heikles Thema sprechen muss. Es geht um Sie und Ihr Engagement im Projekt Abraxas.

Herr Huber: Das klingt ja dramatisch. Was werfen Sie mir denn vor?

Herr Schneider: Von Vorwürfen ist zunächst noch keine Rede. Mir ist wichtig zu erfahren, warum Sie bei Abraxas im Zeitplan so weit hinterherhinken.

Herr Huber: Ich habe meine Gründe bereits vorgestern in der letzten Sitzung ausreichend erläutert. Schließlich kann ich ja nichts dafür, dass die japanischen Kollegen ihre Ergebnisse so spät an mich weiterleiten. Außerdem ist Frau Paulus schwer erkrankt, und Sie wissen genau, was dies für unsere dünne Personaldecke bedeutet.

Herr Schneider: Diese Probleme sind mir hinlänglich bekannt. Mich interessiert augenblicklich jedoch nur Ihr persönliches Verhalten und Ihr Verantwortungsbereich. Wie kommt es, dass Sie bisher noch kein Zwischenergebnis präsentieren konnten, obwohl entsprechende Zahlen durchaus vorliegen?

Herr Huber: Nun, ich wollte lieber noch abwarten.

Herr Schneider: Warten? Worauf?

Herr Huber: Sie wissen, dass ich auf Gründlichkeit großen Wert lege. Alle Untersuchungsergebnisse sollen doch vorliegen. Nur so kann ich realistische Zahlen präsentieren.

Herr Schneider: Herr Huber, wir arbeiten nun seit fast zwei Jahren miteinander. Ich habe Sie bis vor wenigen Monaten als engagierte Kraft erlebt.

Herr Huber (unterbricht): Aber Abraxas stellt uns doch alle vor neue Herausforderungen. Glauben Sie mir, ich kriege das schon in den Griff.

Herr Schneider: Was schlagen Sie also vor?

Herr Huber: Dazu fällt mir spontan nichts ein, aber ...

Herr Schneider (unterbricht): Spontan muss Ihnen auch nichts einfallen. Allerdings finde ich es enttäuschend, dass Sie sich offensichtlich nicht auf dieses Gespräch vorbereitet haben, obwohl ich Ihnen am Telefon deutlich sagte, was ich von Ihnen erwarte. Angesichts der Dringlichkeit des Problems sehe ich keine andere Möglichkeit, als Sie von anderen Aufgaben – wie beispielsweise der Webpräsentation unseres Unternehmens – zu entlasten. Das kann auch Herr Weiss übernehmen. Damit bekommen Sie die Chance, sich voll auf Abraxas zu konzentrieren.

Herr Huber: Weiss? Der schafft das nie.

Herr Schneider: Das werden wir ja sehen, Herr Huber. Ich erwarte von Ihnen bis übermorgen konkrete Vorschläge zur raschen Realisierung des Projekts mit entsprechendem Zwischenergebnis Ihrer bisherigen Arbeit. Wir könnten uns übermorgen um 14.00 oder um 18.00 Uhr zusammensetzen. Welcher Termin kommt für Sie infrage?

Herr Huber: Um 18.00 Uhr, vorher bin ich noch im Arbeitskreis Technik und Innovation.

Herr Schneider: Gut, dann sehen wir uns übermorgen um 18.00 Uhr. Und dann erwarte ich Nägel mit Köpfen, Herr Huber.

Wie beurteilen Sie das Verhalten dieses Vorgesetzten?

Wie wurde Lob und wie negative Kritik geäußert?

Was würden Sie als Führungskraft anders machen?

Fallbeispiel 3: Ärger unter Kollegen

Frau Weiss ist neue Mitarbeiterin in einer mittelständischen Software-Firma. Ein Kollege macht ihr das Leben schwer. Nach drei Monaten sucht Frau Weiss das Gespräch mit Herrn Schulz, ihrem direkten Vorgesetzten, um sich über den Kollegen zu beschweren.

Herr Schulz: Guten Tag, Frau Weiss. Nehmen Sie doch bitte Platz. Es geht um Herrn Mock, wie Sie mir am Telefon sagten.

Frau Weiss: Genau. Diesem Herrn ist ja nichts recht zu machen. Ich bin nun drei Monate in der Firma, und ich kann mich an kaum einen Tag erinnern, an dem Herr Mock nicht an mir herumnörgelte. Meine Motivation ist gleich null. Mein Mann

meinte schon, dass ich mich nach einer neuen Stelle umsehen
sollte ...

Herr Schulz: Nun mal sachte, Frau Weiss. Erklären Sie mir erst
mal in aller Ruhe, wie sich Herr Mock Ihnen gegenüber verhält.

Frau Weiss: Mein Gott, da könnte ich Ihnen endlos Beispiele nennen.

Herr Schulz: Mir genügen drei. Aber bitte so konkret wie möglich.

Frau Weiss: Gut, also er kritisiert in Meetings meine PowerPoint-
Präsentationen. Sie sind ihm zu überladen und ...

Herr Schulz (unterbricht): Was meinen Sie denn dazu? Ist diese
Kritik berechtigt?

Frau Weiss: Ich glaube, er ist einfach der Meinung, dass er das besser kann ... und nicht nur das, sondern auch – und das ist meine zweite Kritik an ihm –, dass er partout darauf besteht, dass
unsere Teamsekretärin seine Mappen zuerst zusammenstellt.
Selbst wenn meine Termine wichtiger sind und eilen.

Herr Schulz (unterbricht): Das kam mir schon öfter zu Ohren.

Frau Weiss: Und als drittes Beispiel kann ich anführen, dass er
mich bereits zweimal angebrüllt hat. Richtig laut ist der geworden. Ich war echt geschockt und habe ihn einfach stehen lassen.
Der Mann ist rechthaberisch, zänkisch und aggressiv. Jawohl,
das ist er!

Herr Schulz: Das Letztere ist mir bekannt. Ich habe schon einige
Male mit ihm darüber gesprochen. Er ist nun mal sehr tempe-
ramentvoll.

Frau Weiss: Was soll das jetzt heißen? Entschuldigen Sie etwa dieses Verhalten? Ich an Ihrer Stelle hätte dem schon längst gekün-
digt.

Herr Schulz: Sie sind jedoch nicht an meiner Stelle. Herr Mock ist
eine ausgezeichnete Fachkraft, und er hat zugegebenermaßen
keine ausgeprägten sozialen Kompetenzen. Dennoch kann man
mit ihm zusammenarbeiten. Ich war schließlich auch einmal ein
Kollege von ihm, bevor ich diese Leitungsfunktion übernommen habe. Aber das steht jetzt nicht zur Debatte. Ich denke, Sie
sollten sich noch eine Weile mit ihm gedulden. Reden Sie nochmals mit ihm, und sollten danach keine Verbesserungen in der
Zusammenarbeit auftreten, sprechen wir uns nochmals über
das weitere Vorgehen ab.

Wie beurteilen Sie das Verhalten dieses Vorgesetzten?

Wie wurde Lob und wie negative Kritik geäußert?

Was würden Sie als Führungskraft anders machen?

Verhaltenstipps für die Praxis – Elemente erfolgreicher Konfliktgespräche

In den aufgezeigten Fällen finden sich gute und weniger gute Kommunikationsbeispiele. Alle Führungskräfte scheinen sich auf die Gespräche vorbereitet zu haben, ob ihnen dabei konstruktive Konfliktlösungen gelungen sind, steht auf einem anderen Blatt.

Im *Fallbeispiel 1* hat der Vorgesetzte sicherlich einen guten Kommunikationsstil gewählt. Er überschüttet den Mitarbeiter nicht mit Vorwürfen, sondern stellt gezielte Fragen und unterbreitet konkrete Vorschläge. Dadurch kommt Mitarbeiter Meier ins Grübeln. Er kann den Argumenten seines Vorgesetzten nichts entgegenhalten, zumal er auch für die Nachwuchsqualifizierung zuständig ist. Es sieht so aus, als ob Herr Meier vielleicht etwas mürrisch, aber sich dennoch aktiv um seine eigene Entlastung bemüht und in Zukunft seine Delegationsaufgabe ernster als zuvor nimmt.

Das *Fallbeispiel 2* zeigt, dass leider oft ein Gespräch nicht das vorhandene Problem löst. Der Mitarbeiter hat sich noch nicht mit der Lösung des Problems auseinander gesetzt. Der Vorgesetzte reagiert darauf klar und eindeutig: Er macht aus seiner Enttäuschung keinen Hehl und setzt rasch einen neuen Gesprächstermin an. Damit entlässt er seinen Mitarbeiter nicht aus der Verantwortung, sondern fordert von ihm konkrete Lösungsvorschläge in einem zweiten Gespräch.

Im *Fallbeispiel 3* bittet zwar der Vorgesetzte um konkrete Beispiele, unterbricht jedoch die Mitarbeiterin häufig, was nicht nur unhöflich, sondern auch unsachlich wirkt. Statt konkrete Lösungen anzubieten, versucht er, die Mitarbeiterin hinzuhalten, indem er an ihre Geduld appelliert. Es entsteht der Eindruck, dass dieser Vorgesetzte an Konfliktlösungen nicht interessiert ist und eher dazu neigt, schwierige Themen auszusitzen. Ein Gespräch zu dritt, bei dem der Vorgesetzte sich die Positionen beider Mitarbeiter angehört und zu vermitteln versucht hätte, wäre sicherlich in diesem Fall erfolgreicher gewesen.

Die hier skizzierten Fallbeispiele stellen lediglich einen Ausschnitt beruflicher Gesprächssituationen dar. Im Berufsalltag können durchaus eine Reihe viel schwierigerer Mitarbeitergespräche vorkommen: Manchmal sind Abmahnungen zu erteilen, Kündigungen auszusprechen und Gehalts- und Beurteilungsgespräche zu führen. Schwierige Themen sind auch unerlaubte Nebentätigkeiten, sexuelle Belästigung am Arbeitsplatz oder Mobbing. Hierbei sind oftmals auch komplizierte arbeitsrechtliche Fragen zu klären, die eine Führungskraft allein meist gar nicht lösen kann. Diese Fragen würden den Rahmen des vorliegenden Buches aber auch sprengen. Aus diesem Grunde geht es hier primär um solche Mitarbeitergespräche, die im beruflichen Alltag auf der Tagesordnung stehen und die nicht arbeitsrechtliche oder tarifpolitische Bereiche berühren.

Neben den vorab angeführten konstruktiven Verhaltensweisen in Mitarbeitergesprächen (Feedback, Lob und Kritik, die Kunst der Fragestellung) gibt es verschiedene Diskussionsregeln, die allgemein bekannt sind und die natürlich auch für Konfliktgespräche gelten. Dazu gehören:

- Lassen Sie sich gegenseitig ausreden.
- Drücken Sie sich verständlich aus.

- Fassen Sie sich kurz.
- Hören Sie aktiv zu.
- Stellen Sie Fragen.
- Gehen Sie auf Fragen anderer ein.

Im beruflichen Alltag wird dies jedoch häufig nicht berücksichtigt: Man redet wild durcheinander, hält lange Monologe statt sich kurz zu fassen, unterbricht sich gegenseitig permanent oder beantwortet geschickt nur diejenigen Fragen, die man beantworten möchte. Zu selten machen wir uns Gedanken darüber, wie wir anderen Menschen unsere Vorstellungen und Ideen anschaulich vermitteln können. Viel zu oft reden wir munter drauflos. Besonders fatal kann sich dies in Kritikgesprächen auswirken. Um dem vorzubeugen, sollten die folgenden Gesprächsphasen beachtet werden.

Ablauf eines Konfliktgesprächs in vier Phasen

Phase 1: Vorbereitung als Klärungshilfe

Führungskräfte sollten sich vor dem Konfliktgespräch nochmals vor Augen führen, um welche Thematik es geht und was sie mit diesem Gespräch erreichen möchten. Entwickeln Sie einen Gesprächsleitfaden und notieren Sie sich die wichtigsten Stichworte, an denen Sie sich im Gesprächsverlauf orientieren. Vereinbaren Sie mit der betroffenen Person einen Termin in Ihrem Büro (oder einem *neutralen* Besprechungsraum), und kündigen Sie fairerweise an, worüber Sie sprechen möchten. Da in Konfliktgesprächen stets mit Widerstand und Skepsis zu rechnen ist, sollten Sie darüber nachdenken, wie Ihr Gesprächspartner reagieren wird. Wie wird er sich wohl verhalten? Welche Argumente wird er anführen? Mit welchen Argumenten und Fragen können Sie Überzeugungsarbeit leisten? Auch die Reflexion der Rahmenbedingungen gehört zur gezielten Vorbereitung. Bestimmte Sitzordnungen oder Möbelstücke können größere psychologische Kommunikationsbarrieren sein, als Ihnen bewusst ist. Wer sich als Vorgesetzter hinter seinem Schreibtisch verschanzt, muss sich nicht wundern, wenn sich auch der Mitarbeiter beziehungsweise die Mitarbeiterin im Gespräch nicht öffnet.

Phase 2: Gezielter Gesprächseinstieg

Beginnen Sie das Gespräch weder mit einem Vorwurf noch mit einer persönlichen Beleidigung. Lassen Sie nicht Ihrem Ärger freien Lauf, weil etwas nicht so funktioniert, wie Sie es erwarten. Führen Sie als Führungskraft sachlich und möglichst ruhig in das Gespräch ein. Auf ein Warm-up kann in einem Konfliktgespräch durchaus verzichtet werden, schließlich sollte der Gesprächspartner wissen, worum es geht. Reden Sie nicht lange um den heißen Brei herum. Kommen Sie rasch zum Thema, indem Sie beispielsweise sagen: »Herr Klinger, wie vereinbart, möchte ich heute mit Ihnen über das Projekt XY sprechen.«

Phase 3: Reflexion der Standpunkte

Wer an Konfliktklärungen wirklich interessiert ist, bemüht sich im ersten Schritt um eine Problemanalyse, dann erst um Lösungen. Auch dies klingt zunächst bestechend einfach, ist jedoch in der beruflichen Praxis häufig keine Selbstverständlichkeit. Sowohl Führungskräfte als auch Mitarbeiter stehen meist unter enormem Leistungs- und Zeitdruck. Auch vielschichtige und komplexe Probleme sollen möglichst rasch und effizient gelöst werden. Man hört oft, die Analyse sei zwar wichtig, doch dürfe nicht zu viel Zeit darauf verwendet werden.

Sicherlich – jeder Konflikt ist anders. Manchmal sind die Fehler auch offensichtlich und eine intensive Analyse ist nicht notwendig. Doch generell gilt: Zuerst einmal ist es wichtig, die Konfliktsituation zu beleuchten. Lassen Sie sich dazu den Standpunkt Ihres Mitarbeiters schildern. Hören Sie aufmerksam zu, und fragen Sie nach. Sinnvoll sind hier vor allem offene Fragen wie: Warum haben Sie sich so verhalten? Welche Befürchtungen haben Sie? Wie stellt sich das Problem aus Ihrer Sicht dar? (Siehe auch *Die Kunst der Fragestellung*.) Selbstverständlich ist auch die persönliche Sichtweise der Führungskraft gefragt. Beide Standpunkte gilt es zu reflektieren. Erst dadurch wird ein Konfliktgespräch zu einem Dialog.

Phase 4: Lösungssuche, konkrete Vereinbarungen und Kontrolle

Faire Konfliktlösungen setzen voraus, dass die Mitarbeiter die Chance bekommen, ihr Verhalten zu korrigieren. Nun macht es weder aus Unternehmenssicht noch aus Sicht der Mitarbeiter Sinn, wenn Lösungskonzepte ausschließlich Angelegenheit des Topmanagements wären. Beide Seiten sind für Problemlösungen verantwortlich. Mitarbeiterinnen und Mitarbeiter, weil sie Verantwortung für ihr Sachgebiet haben, und Führungskräfte, weil sie Sach- *und* Personalverantwortung tragen.

Unterbreiten Sie daher Ihren Mitarbeitern konkrete Lösungen, aber animieren Sie zum Mitdenken. Wer Fehler macht, sollte dafür geradestehen und an der Beseitigung des Problems mitwirken. Sind erfolgversprechende Lösungen gefunden, müssen sie umgesetzt und überprüft werden. Die Kontrollfunktion liegt eindeutig im Aufgabengebiet der Führungskraft.

Viele Konflikte sind nicht in einem einzigen Gespräch zu lösen. Oft sind mehrere Besprechungen notwendig, um Lösungen zu erarbeiten oder das eigentliche Problem überhaupt zu finden. Dennoch gilt: Je klarer und direkter Sie als Führungskraft kommunizieren, umso größer ist die Chance, Konflikte mit Mitarbeiterinnen und Mitarbeitern konstruktiv zu lösen. Ein konstruktives Miteinander geht jedoch über Konfliktregelungsmechanismen (Gesprächstechniken) weit hinaus und beeinflusst die gesamte Persönlichkeit. Der amerikanische Gesprächstherapeut Carl Rogers hat dies wie folgt beschrieben: »Wenn Sie einen anderen Menschen wirklich verstehen, laufen Sie Gefahr, selbst verändert zu werden. Es könnte sein, dass Sie die Dinge plötzlich auch so sehen. Dieses Risiko, verändert zu werden, gehört jedoch zu den schrecklichsten Vorstellungen, die die meisten von uns sich denken können ...«[12]

Vielleicht ist dies der Hauptgrund, warum sich so viele Menschen – unabhängig von Alter, Status und Beruf – mit Konfliktgesprächen eher schwer tun? Aber sehen Sie Rogers' Aussage nicht als Plädoyer, sich erst gar nicht auf schwierige Gespräche einzulassen. Im Gegenteil: Verstehen Sie dies als Mahnung und Appell, dass eine konstruktive Gesprächsführung eine anspruchsvolle, aber auch eine anstrengende Tätigkeit ist. Einen anderen Menschen so zu sehen, wie er wirklich ist, sich in seine Lage hineinzuversetzen und ihn zu unterstützen, hat stets Auswirkungen auf das eigene Denken und Fühlen. Dies zu bejahen und nicht erschreckend abzuwehren, zeigt die menschliche Reife einer Führungspersönlichkeit.

Nonverbale Kommunikation: (Ohn)Macht ohne Worte?

In den letzten Jahren haben Unternehmen zunehmend das Thema *Körpersprache* als Weiterbildungsthema entdeckt. Bekannte Buchautoren wie Vera Birkenbihl oder Samy Molcho gehen davon aus, dass die Überzeugungskraft einer Person zu 90 Prozent von ihren körpersprachlichen Signalen abhängt. Das Wissen um nonverbale Signale und ihre Wirkung scheint daher oft der letzte Hoffnungsschimmer zu sein, um Verkaufsförderung auf breiter Basis zu aktivieren – egal, ob es sich dabei um Versicherungen, Autos, Mobilfunkgeräte oder Waschmaschinen handelt. Der Tenor lautet: Wer die Körpersprache der Kundschaft besser und gezielter wahrnehmen kann, ist in der Lage, die daraus gewonnenen Erkenntnisse geschäftlich geschickt zu nutzen.

Tatsache ist, dass Menschen verbal und nonverbal kommunizieren. Ob die Körpersprache jedoch tatsächlich so dominant unser Wirken auf andere bestimmt, wagen Kommunikationsexperten wie Friedemann Schulz von Thun zu bezweifeln: »Solche Prozentzahlen spiegeln eine wissenschaftliche Exaktheit vor, die es so gar nicht gibt.«[13] Auch andere Wissenschaftler beurteilen Körpersprache und ihre Wirkung viel differenzierter und warnen davor, zu vieles zu schnell in Gesprächspartner hineinzuinterpretieren. Die Beachtung nonverbaler Kommunikation ist zwar sinnvoll und wichtig, doch sind hier keine einfachen Deutungsmuster gefragt, sondern die Erkenntnis, dass Kommunikation insgesamt eine Wechselwirkung in umfassender Weise bedeutet.

Zweifelsohne ist es jedoch im Berufsleben gerade für Führungskräfte wichtig, sich der eigenen körpersprachlichen Wirkung bewusst zu sein, um mögliche Barrieren im Kontakt mit Mitarbeitern, Kollegen oder Kunden gar nicht erst entstehen zu lassen. Aber Vorsicht: Wer sich körpersprachliches Wissen als *Technik* antrainiert, wird – wenn nicht gänzlich scheitern – so doch auf viele Probleme stoßen. Was passiert beispielsweise, wenn sich Ihre Gesprächspartner auch mit dem Phänomen Körpersprache beschäftigen und Ihre Manipulationsversuche durchschauen? Was geschieht, wenn Sie mit ausländischen Gästen aus China, den GUS-Staaten oder Indien verhandeln? Kennen Sie deren körpersprachliche Rituale? Und wie verhalten Sie sich, wenn Sie als männliche, eher kleinwüchsige Führungskraft einer dominanten, groß gewachsenen Dame gegenüberstehen? Sind Sie wirklich absolut sicher, wie Sie sich nonverbal *richtig* verhalten müssen? Die exakte Interpretation von Körpersprache ist ein schwieriges Unterfangen. Die nachfolgenden Abschnitte sollen etwas Licht in die Geheimnisse der Körpersprache bringen.

Händeschütteln, Bruderküsse und Verbeugungen: Körpersprache und Kultur

Körpersprache wird als nonverbale Kommunikation, als Gesamtheit von Körperhaltung, Blick, Mimik, Gestik sowie Körperbewegungen (Motorik) definiert. Im erweiterten Sinne gehören jedoch auch alle angeborenen und bedingten Reflexe sowie unsere Kleidung und unsere Stimme (Tonlage) zum Phänomen Körpersprache dazu.

Die Körpersprache erlernen wir bereits als Kind; als Erwachsene prägt sie unser Verhältnis zu anderen Menschen entscheidend mit. Wir verlassen uns dabei auf unser Erfahrungswissen, indem wir nonverbalen Signalen eine bestimmte Bedeutung beimessen: Einen festen, direkten Blick empfinden wir als Zeichen von Selbstvertrauen und Selbstbewusstsein. Die Arme vor der Brust signalisieren uns Distanz und Ablehnung. Hände, fest um einen Gegenstand geklammert, deuten wir als Zeichen von Verkrampfung. Trommelt jemand mit den Fingern, ist er wohl nervös und gereizt. Das nonverbale Verhalten unserer Gesprächspartner registrieren wir zumeist sehr intensiv, und zumeist versuchen wir intuitiv, diese Signale zu interpretieren.

Im eigenen, vertrauten Kulturkreis kann dies auch durchaus gelingen. Wesentlich komplizierter wird es jedoch, wenn wir uns im Ausland aufhalten. Zwar gibt es universelle körpersprachliche Signale, die weltweit verstanden werden, beispielsweise ein Lächeln, doch die kulturellen Unterschiede in der Körpersprache überwiegen. Besonders schwierig ist es, wenn wir zum ersten Mal einen ausländischen Gesprächspartner treffen und uns mit dessen körpersprachlichen Ritualen vertraut machen müssen.

Schon bei der Begrüßung kann es erste Missverständnisse geben, wenn wir uns vorab nicht mit der Kultur des anderen auseinander gesetzt haben. Das Händeschütteln und die damit verbundene sprichwörtliche Armlänge wird in Deutschland als angenehme Distanz zwischen zwei Personen empfunden. Hingegen hält man sich in Russland und in einigen Balkanstaaten bei der Begrüßung gegenseitig die Arme fest und setzt damit symbolisch die Hände schachmatt. Dass dies in freundschaftlicher Absicht geschieht, wird durch den gegenseitigen Bruderkuss auf die Wangen oder den Mund unterstrichen. Auch das gegenseitige Verneigen der Japaner als Begrüßungs- und Abschlusszeremoniell ist ein Zeichen dafür, wie unterschiedlich schon eine Begrüßung körpersprachlich ausgedrückt werden kann.

Marotten, Macken und mehr: Körpersprache im sozialen Kontext

Menschen haben unterschiedliche Eigenarten. Manche fahren sich bei jeder Gelegenheit durch die Haare, andere reiben sich oft die Hände, kneifen ständig die Augen zusammen oder verschränken die Arme. Sind wir bei Bekannten oder Freunden mit solchen Marotten konfrontiert, dann fallen sie uns nach einer Weile entweder gar nicht mehr auf oder wir tolerieren sie als deren typische Eigenarten. Je nach sozialem Kontext können körpersprachliche Signale aber für Verwirrung und Missverständnisse sorgen.

Beispiel

Ein Personalchef lädt einen Bewerber zu einem Vorstellungsgespräch ein. Während des Gesprächs verschränkt der junge Mann oft die Arme.

Welche Deutungsvarianten liegen nahe? Bei näherer Betrachtung eröffnet sich ein breites Interpretationsfeld. Ein Mensch, der häufig die Arme verschränkt,

- kann seinem Gesprächspartner Abstand und Distanz signalisieren;
- kann aufgeregt und nervös sein;
- kann dies völlig unbewusst tun, weil er sich diese Marotte angewöhnt hat;
- kann Probleme mit der Raumtemperatur haben; er könnte frösteln, weil es kühl im Zimmer ist.

Das Beispiel zeigt, dass es eine Reihe durchaus verschiedener Interpretationen für *ein* nonverbales Signal geben kann. Hinzu kommt, dass der Personalchef sich sicherlich auf das Gespräch, also die verbalen Signale seines Gegenübers, konzentrieren wird. Bei der Vielzahl von verbalen und nonverbalen Impulsen scheint es fast unmöglich, beide Ebenen (Körpersprache und Lautsprache) detailliert wahrzunehmen und gleichzeitig exakt zu interpretieren.

Der Personalchef hat jedoch die Möglichkeit, mehr Gewissheit über die Körpersprache des Bewerbers zu bekommen:

- Er kann die Situation und seine Wahrnehmung direkt ansprechen. Er zeigt damit auch Souveränität in der Gesprächsführung, wenn er etwa fragt: »Herr Meier, ist es Ihnen zu kühl hier im Raum, oder wie soll ich Ihre verschränkten Arme interpretieren?«
- Er kann jedoch auch die direkte Ansprache bewusst vermeiden und stattdessen versuchen, durch eigenes nonverbales Verhalten die Armblockade seines Gesprächspartners zu öffnen. »Bewegung ist der Schlüssel zum Gespräch« lautet ein Lehrsatz des Pantomimen Samy Molcho. Im besagten Fall könnte der Perso-

nalchef dem Bewerber bewusst einen Gegenstand reichen (eine Tasse Kaffee, ein Formular). Dadurch wird die Blockade unterbrochen, und eine neue Gesprächssituation entsteht.

Darüber hinaus gibt es vielfältige private wie berufliche Gesprächssituationen, in denen auch die Auseinandersetzung mit der eigenen Körpersprache Missverständnisse vermeiden kann. Wenn Sie eine Mitarbeiterin auffordern, einen bestimmten Bericht bis 14.00 Uhr fertigzustellen, sollten Sie diese Anweisung nicht nur deutlich artikulieren, sondern auch entsprechend nonverbal unterstreichen. Nervös herumfingern oder entschuldigend lächeln sind sicherlich keine körpersprachlichen Signale, die Ihre klaren Worte unterstützen. Stattdessen sollten Sie sachlich die Mitarbeiterin auffordern, ihre Aufgabe zu erfüllen, ihr dabei ruhig und fest in die Augen sehen und dann wieder an Ihren Arbeitsplatz zurückgehen.

Ich bin doch wer: Körpersprache, Geschlecht und Rollenverhalten

Der Umgang mit Rollen ist uns vertraut, denn wir alle spielen unterschiedliche Rollen: Wir sind Mütter, Väter, Söhne, Töchter, Arbeiter oder Angestellte, Soldaten, Ärztinnen, Unternehmerinnen, Bankdirektoren, Arbeitslose, Schüler, Studierende, Freiberufler und vieles mehr. Jede Rolle ist mit entsprechenden Erwartungen verbunden und führt zu bestimmten Verhaltensmustern. Am richtigen Ort zur richtigen Zeit die jeweils angemessene Rolle verbal wie nonverbal optimal einzunehmen, scheint das Bestreben vieler Menschen zu sein. Ein Soldat oder ein Polizist möchte durch seine Körpersprache Mut, Tapferkeit und Entschlossenheit vermitteln. Der Bankdirektor oder die Unternehmerin demonstrieren Selbstvertrauen und Souveränität auch nonverbal, indem sie beispielsweise erhobenen Hauptes durch die Gänge ihrer Firma gehen. Das jeweilige Rollenverständnis spiegelt sich auch in unserer Körpersprache wider.

Aus wissenschaftlichen Untersuchungen weiß man, dass Menschen mit sozial niedrigem Status häufiger und auch mehr Unterwürfigkeitsgesten und -bewegungen gegenüber Autoritäten verwenden als Personen mit höherem sozialen Status. Derartiges Verhalten kann man sowohl bei Frauen als auch bei Männern der entsprechenden Gesellschaftsschicht finden. Durch sämtliche soziale Schichten zieht sich jedoch das unterschiedliche gesellschaftliche Rollenverhalten von Männern und Frauen. Daraus resultieren auch bestimmte nonverbale Erwartungen an das andere Geschlecht, wie folgendes Beispiel zeigt.

Beispiel

Das Bild von Picasso[14]

Als Untersuchungsobjekt diente ein Bild von Pablo Picasso. Das Gemälde zeigt ein Paar, das sich verliebt ansieht. Die Kopfhaltung des Mannes ist aufrecht; das Haupt der Frau etwas geneigt. Der *seitlich geneigte Kopf* fand bei männlichen und weiblichen Beurteilern durchgängig eine positive Resonanz: Als demütig, lieb, weich, zärtlich und freundlich wurde die Dame auf dem Bild bezeichnet.

Dann fand eine Bildmontage statt. Die Liebende wurde nun mit *aufrechtem Kopf* dargestellt. Betrachterinnen empfanden die Frau weiterhin als sympathisch, empfindsam und angenehm. Aber die männlichen Beurteiler bezeichneten sie nun als hart, distanziert oder arrogant.

Als Fazit kann daraus geschlossen werden: Von der Norm abweichende nonverbale Darstellungen irritieren und werden von beiden Geschlechtern unterschiedlich bewertet. Auch in vielen Alltagssituationen lässt sich beobachten, dass Körpersprache und Geschlechterklischees eng zusammenhängen. So lösen oft maskulin wirkende Frauen oder feminin wirkende Männer Erstaunen oder Verwirrung aus. Es sind also nicht nur Rollen und Status, sondern gleichzeitig auch der geschlechtsspezifische Eindruck, der Einfluss nimmt auf unsere verbale wie nonverbale Kommunikation.

Abbildung 7:
Picasso im Original und in der Montage

Das Lächeln ist sichtbar: Körpersprache am Telefon

Unser Berufsleben ist geprägt von Gesprächen vieler Art: Small Talk, Fachgespräche, Gehaltsverhandlungen, Verkaufsgespräche, Meetings, Konferenzen und anderes mehr. Nicht zu vergessen sind die vielen Telefonate mit Mitarbeiterinnen und Mitarbeitern, Kunden, Lieferanten, Banken oder anderen Geldgebern, ausländischen Tochterfirmen, Vorständen, Presseleuten oder Bewerbern. Können wir die nonverbalen Signale unserer Gesprächspartner wahrnehmen, auch wenn wir sie nicht konkret vor Augen haben?

Mit etwas Übung ist es durchaus realisierbar, dass wir die Körpersprache unserer Telefonpartner vor unserem geistigen Auge sehen können. Relativ einfach ist es, wenn wir mit Personen telefonieren, die wir kennen. Wenn der Mitarbeiter Müller bei einem Meeting in Seattle weilt und seine Vorgesetzte telefonisch über den Stand der Gespräche informiert, kann sie ihn sich dennoch vorstellen. Denn sie kennt sein Gesicht, wenn er lacht oder angespannt ist. Schwieriger ist es, wenn wir mit Menschen telefonisch in Kontakt treten, die uns völlig fremd sind. Hier hilft nur eines: Auch am Telefon zählt Höflichkeit und Sachlichkeit, wie im direkten Kontakt.

Helga Schuler, Unternehmerin des Jahres 1999, bekannt durch kundenorientierte Telefontrainings, betont immer wieder, wie intensiv dieser unsichtbare Kontakt von unseren Gesprächspartnern am anderen Ende der Leitung wahrgenommen wird. So ist ebenso ein Lächeln für unsere Telefonpartner zu hören, wie unsere Stimme sich ändert, je nachdem – ob wir im Sitzen oder im Stehen telefonieren. Unsere Körpersprache ist demnach auch am Telefon deutlich wahrnehmbar für unsere Gesprächspartner.

Körpersprache und Erscheinungsbild: Machen Kleider Leute?

Durch unsere persönliche Garderobe verkleiden oder bekleiden wir unser Erscheinungsbild, je nachdem welche Wirkung wir erzielen wollen. Eine selbstbewusste Körpersprache hängt zwar nicht ausschließlich von der entsprechenden Kleidung ab, aber Kleidung ist ein wichtiger Bestandteil nonverbaler Kommunikation. Denn wer sich wohl in seiner Haut und in seiner Kleidung fühlt, hat den Kopf frei für ein Gespräch mit anderen.

Wählen Sie daher stets Kleidung, in der Sie sich sicher fühlen und die der Situation angemessen ist, in der Sie sich befinden. Wenn Sie zu einem Kundentermin gehen, benötigen Sie nicht unbedingt einen Anzug oder ein Kostüm, jedoch sollten Sie auch nicht in einer ausgebleichten Jeans erscheinen. Eine Münchner Unternehmerin betonte mir gegenüber, dass sie bei der Wahl ihres Outfits durchaus gezielt vorgeht: Wenn sie kraftvoll auftreten möchte, wählt sie Rot, will sie offen für alles sein, hilft ihr Weiß (weil Weiß alle Farben reflektiert); um Abstand und Distanz zu halten, zieht sie dunkle oder schwarze Kleidung an.

Tipp
Was hilft Ihnen, sich wohler in Ihrer Haut zu fühlen? Welche Farben stehen Ihnen besonders gut? In welchen Kleidungsstücken fühlen Sie sich sicher? Denken Sie daran, dass die Wahl der Kleidung auch Einfluss nimmt auf Ihre Körperhaltung, Ihre Atmung und Ihre Stimme. Daher ist es empfehlenswert, sich hin und wieder Feedback zu seinem Outfit einzuholen.

Kopf hoch, Brust raus: Körpersprache im Sitzen und Stehen

Wenn wir es uns zu Hause bequem machen, ist es eher unwichtig, wie wir sitzen oder stehen. Bei einem wichtigen Gesprächstermin sieht die Sache schon anders aus. Wer ein Beurteilungsgespräch mit Vorgesetzten führt oder einen wichtigen Kundentermin wahrnimmt, sollte auch auf die eigenen nonverbalen Signale achten, die er oder sie ausstrahlt.

Im Sitzen bietet ein Stuhl mehr Hilfsmöglichkeiten, als Sie vielleicht ahnen. Sessel oder Stühle mit Armlehnen sind dazu da, sich anzulehnen. Nehmen Sie diesen Halt bewusst an – vor allem, wenn Sie nervös sind. Nehmen Sie dabei den Stuhl ganz ein und vermeiden Sie, wie zum Sprung auf der Stuhlkante Platz zu nehmen. Arme und Hände sind besonders verräterisch. Wer seine Arme locker auf die Stuhllehnen legt, kann seine Worte mit unverkrampfter Gestik begleiten.

Im Stehen, beispielsweise bei Präsentationen, sollten Sie mit leicht gegrätschten Beinen eine aufrechte (nicht starre) Körperhaltung einnehmen. Auch die Kopfhaltung kann interessante Aufschlüsse über Ihr Selbstbewusstsein geben. Und nicht zu vergessen: Die Hände, sie sollten weder permanent hinter dem Rücken noch in den Jackentaschen versteckt werden. Unterstreichen Sie stattdessen mit Ihrer natürlichen Gestik Ihre Worte – was sicherlich je nach Temperament sparsamer oder auch intensiver ausfallen kann.

Tipp

Hilfreich ist hin und wieder ein kleiner Körper-Check, den Sie mit ein bisschen Übung jederzeit und an jedem Ort durchführen können:

- Wie ist meine Körperhaltung?
- Wie ist meine Gestik und Mimik?
- Halte ich genügend Blickkontakt?

Wenn Sie in Diskussionen diese Kriterien kurz vor Ihrem inneren Auge Revue passieren lassen, kommen Sie schneller Ihren Verkrampfungen und Unsicherheiten auf die Spur. Dann können Sie rascher Ihre körpersprachlichen Signale korrigieren, indem Sie sich beispielsweise aufrechter hinsetzen/hinstellen oder wieder Blickkontakt zu Ihrem Gegenüber aufnehmen.

Wer die Körpersprache anderer interpretieren möchte, sollte sich zunächst stets der eigenen bewusster werden. Und wie schon angesprochen, ist vor vorschneller (Fehl)Interpretation zu warnen, da Körpersprache persönliche, kulturelle, geschlechts- und rollenspezifische Merkmale aufweist.

Als Fazit der Ausführungen zur Körpersprache gilt festzuhalten:

- Nonverbale Signale sind oft mehrdeutig.
- Nonverbale Signale können sogar widersprüchlich sein.
- Nonverbale Signale können absichtlich und bewusst eingesetzt werden.
- Nonverbale Signale sind kultur- und situationsabhängig.
- Nonverbale Signale sind individuell und rollenabhängig.

4.
Moderationskompetenz – Teamsitzungen erfolgreich leiten

Leitfragen

Wie wird aus einer Gruppe ein Team?
Welche Aufgaben hat eine Moderation?
Wie können Teamsitzungen lebendig gestaltet werden?
Wie kann der Sitzungsverlauf visualisiert werden?
Wie professionell verlaufen unsere Meetings?

Wer Sitzungen, Meetings, Besprechungen und Konferenzen effizient durchführen möchte, benötigt vielfältige Kompetenzen. Ein guter Moderator sollte über das Thema der Sitzung wachen, den Zeitrahmen einhalten und alle teilnehmenden Personen aktiv in die Diskussion einbinden. Dies ist jedoch leichter gesagt als getan, denn jedes Individuum reagiert anders. Wie auch sonst im Leben, gibt es im Berufsalltag Schwätzer und Schweiger, schlaue Füchse, sensible Pflänzchen, kühle oder hitzige Köpfe. Die Kunst der Moderation besteht im Bündeln dieser unterschiedlichen Kräfte zugunsten der gemeinsamen Arbeit oder des gemeinsamen Projekts. Wie in einer erfolgreichen Kommunikation sind auch bei einer erfolgreichen Moderation fachliche Kompetenzen und Soft Skills gefragt.

Wie wird aus einer Gruppe ein Team?

Der Begriff *Team* ist in aller Munde: ob bei Fahrten mit der Bahn (unser Mitropa-Team), ob bei Flugreisen (unsere Crew), ob im Internet (unser Betreuungsteam), ob am Telefon (das Telekom-

Team). Warum spricht man häufiger von einem Team als von einer Gruppe, und worin besteht der Unterschied zwischen einer Gruppe und einem Team?

Im Unterschied zu einer Gruppe existiert ein Team nur für eine bestimmte Zeit und ist innerhalb dieser Zeitspanne mit speziellen Aufgaben betraut. Es gibt dabei feste Arbeitsgruppen über eine längere Periode, aber auch zeitlich eng begrenzte Projektgruppen. Die Hauptmerkmale von Teams sind eine gemeinsame Zielsetzung und eine klare Aufgabenverteilung. Ein professioneller Projektleiter sollte die individuellen Fähigkeiten und Fertigkeiten der Teammitglieder erkennen und optimal vernetzen können. Ein ideales Team bündelt die Stärken aller Mitglieder und bringt dadurch Topleistungen hervor. Die Führungskraft als Teamleader hat dabei die primäre Aufgabe, das Arbeitsverhalten aller zu optimieren. Ein Teamleader fungiert deshalb als Team-Coach, der den Spagat zwischen unterweisen, anleiten, delegieren, beraten und Kontrolle leisten muss.

Zusammenfassend kann man sagen: Eine Gruppe ist eine beliebige, zusammengestellte Anzahl von Menschen; ein Team dagegen ist gezielt zusammengestellt und verfolgt eine konkrete Aufgabe innerhalb einer bestimmten Zeit.

Teams werden heutzutage rasch gebildet, doch ist jedes Team zuerst einmal eine Gruppe, die sich erst durch die Bewältigung oder Lösung der gestellten Aufgabe als Team bewährt. Beispielsweise soll die Marketingabteilung einer Stadtsparkasse ein neues Konzept für die »Zielgruppe junge Familie« entwickeln. Der Marketingchef initiiert eine Projektgruppe aus mehreren Experten unterschiedlicher Fachgebiete, die gemeinsam ein innovatives Zielgruppenkonzept erstellen sollen. Männer und Frauen aus den Bereichen Betriebswissenschaft, Soziologie sowie Werbung und Kommunikation diskutieren sich die Köpfe heiß und entwickeln Ideen. Klingt doch alles ganz einfach, oder?

Genau hier liegt der Teufel im Detail: Wenn mehrere Personen an einem neuen Projekt brüten, hängt der Erfolg ihrer Arbeit von vielerlei Faktoren ab. Nie geht es ausschließlich um die Lösung einer Aufgabe, auch eine professionelle Arbeitsorganisation und die Qualität der Kommunikation untereinander spielen eine entscheidende Rolle.

Ein Team arbeitet dann effizient, wenn es auf *drei Ebenen* konstruktiv zusammenarbeitet:

- auf der *Sachebene* (Was ist unser Thema, unsere Aufgabe? Was wollen wir erreichen? Was ist unser Ziel?);
- auf der *Organisationsebene* (Wie organisieren wir uns und unsere Arbeit? Welche Arbeitsmittel setzen wir ein, um unser Ziel zu erreichen?);
- auf der *Kontaktebene* (Wie gestaltet sich der Umfang untereinander? Wie lösen wir zwischenmenschliche Probleme oder Konflikte?).

Bei Konflikten und Meinungsverschiedenheiten im Team sollte ein Blick auf *jede der drei Ebenen* gerichtet werden. Alle Beteiligten sollten sich selbstkritisch fragen, wo das Problem denn eigentlich liegt: auf der Sach-, der Organisations- oder der Kontaktebene? Was nutzt es, wenn sich Teammitglieder zwar gegenseitig schätzen, es aber nicht schaffen, Arbeitsabläufe sinnvoll zu organisieren? Umgekehrt ist jedes Projekt zum Scheitern verurteilt, wenn die Kommunikation im Team durch Misstrauen, Mobbing oder Ma-

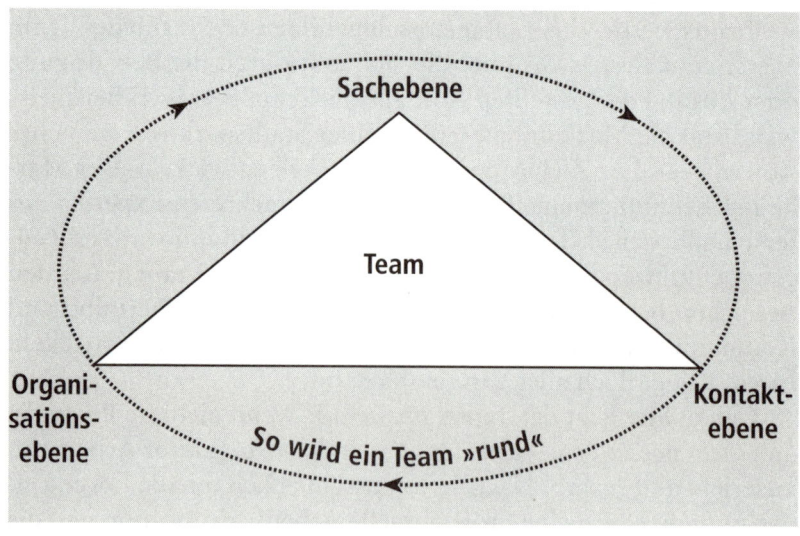

Abbildung 8:
Drei Ebenen der Zusammenarbeit

nipulation geprägt ist und somit schwerwiegende Beziehungsstörungen vorherrschen.

Nur wenn die drei angesprochenen Ebenen im Gleichgewicht sind, werden Synergieeffekte im Team freigesetzt, die maßgeblich den Erfolg eines Projektes bestimmen. Aus diesem Grunde kommt auch der Aufgabe des Teamleaders eine gewichtige Rolle zu. Denn die Art und Weise, wie die verschiedenen Meetings vorbereitet, organisiert und moderiert werden, ist wichtig für den Erfolg eines Teams.

Der Moderator – Leiter, Trainer, Psychologe?

Der Begriff Moderation ist uns vor allem aus Funk und Fernsehen vertraut: Fernsehmoderatoren fungieren als Ansager, Sprecher oder als Interviewpartner. Es gibt Moderatoren als Leiter von Hörfunksendungen, und als Moderatoren werden Sitzungs- und Gesprächsleiter bezeichnet. Zumeist führen Moderatoren durch das Programm oder die Sendung, erläutern, interviewen und fassen die wichtigsten Informationen zusammen. Auch im Berufsleben gibt es Moderatoren und Moderatorinnen, allerdings fast ausschließlich zur Leitung von Arbeitsgruppen oder Teams.

In der aktuellen Fachliteratur herrscht kein Zweifel: Moderation wird als wichtige Managementaufgabe für Führungskräfte angesehen. Auffällig ist, dass sich in den letzten Jahrzehnten – vor allem seit den siebziger Jahren – ein neues Verständnis der Moderatorenrolle herausgebildet hat. Ein Moderator ist nicht mehr nur für die Leitung einer Sitzung zuständig, sondern hat auch den Diskussionsprozess methodisch zu unterstützen. Er ist in der heutigen Berufswelt also mehr als ein Leiter; er begleitet eine Sitzung auch mit methodischem Know-how. Die folgenden Unterscheidungsmerkmale in der Übersicht sind eher idealtypischer Natur, um die Besonderheiten beider Rollen herauszustellen.

Unterschiede zwischen Leitung und Moderation[16]

Leitung einer Arbeitsgruppe	Moderation einer Arbeitsgruppe
Der Leiter ist immer auch inhaltlich beteiligt.	Der Moderator ist inhaltlich eher unparteiisch.
Der Leiter legt sein Hauptaugenmerk auf den Inhalt, weniger auf Methoden.	Der Moderator konzentriert sich auf die Auswahl und Anwendung bestimmter Methoden.
Der Leiter gibt gewöhnlich konkrete Arbeitsziele vor.	Der Moderator unterstützt die Gruppe in der Zielerarbeitung.
Der Leiter arbeitet mit ungeschriebenen Regeln der Leitungskunst (Beispiel: »Kein Beitrag länger als 30 Sekunden«).	Der Moderator unterstützt die Teilnehmer darin, Regeln des Umgangs miteinander zu formulieren.
Der Leiter delegiert Regeln (Protokollierung).	Der Moderator legt Regeln und Ergebnisse offen, indem er sie zum Beispiel visualisiert.

Generell gilt es zu unterscheiden zwischen den *Aufgaben*, die eine Moderation hat, und den *Fähigkeiten*, die sie zum Moderieren benötigt. Die Aufgaben sind klar umrissen: Leitung einer Gesprächsgruppe. Dazu gehört zu Beginn einer Sitzung die Begrüßung aller Anwesenden, die einführende Kommentierung der einzelnen Tagesordnungspunkte, die anschließende Gesprächsleitung zwischen den Teilnehmern und das Beenden der Teamsitzung.

Die Fähigkeiten, die eine gute Moderation erfordert, sind komplexer. Wie das Wort »moderat« schon vermuten lässt, sollte die moderierende Person gemäßigt sein. Das bedeutet, dass sie Extreme vermeiden und sich weder von einzelnen Teilnehmern noch von der Gruppe insgesamt vereinnahmen lassen sollte. Außerdem sollte sie sich objektiv verhalten und argumentieren – eine Forderung, die leider in der Praxis oft missachtet wird. Viele Teamleiter nutzen ihre Funktion als Moderator aus, um ihre eigene Meinung ausführlich darzustellen und letztendlich dem Team den eigenen Willen, mehr oder weniger rhetorisch geschickt verpackt, aufzuzwingen. Teamsitzungen sollten jedoch zur Weiterentwicklung oder Lösung von Aufgaben in einem Diskussionsprozess führen. Insofern ist es eine Farce und unnötige Zeitverschwendung, wenn Besprechungen zu belanglosen Treffen ausarten, weil das Ergebnis bereits feststeht – nämlich das zu tun, was der moderierende Vorgesetzte vorschlägt.

Theme, Team, Time: die drei Aufgaben der Moderation

Wenn Sitzungen, Besprechungen oder Konferenzen scheitern, sind häufig mehrere Faktoren dafür verantwortlich:

- Die Sitzungsleitung agiert nicht als professioneller Moderator, sondern diktiert den Ablauf.
- Es ist keine Tagesordnung vorhanden, oder man orientiert sich nicht an ihr.
- Die Besprechung liefert kein konkretes Ergebnis.
- Der Sitzung fehlt ein klarer Zeitrahmen.
- Visualisierungsmittel fehlen, werden entweder überhaupt nicht oder ineffizient eingesetzt.

Man kann es nicht häufig genug betonen: Der Erfolg einer jeden Sitzung hängt maßgeblich von der Kompetenz des Moderators oder der Moderatorin ab. Eine professionelle Moderation sollte vor allem drei Funktionen erfüllen:

- die Gruppe (Team) unterstützen,
- das Thema (Theme) ins Zentrum stellen,
- die Zeit (Time) im Blick haben.

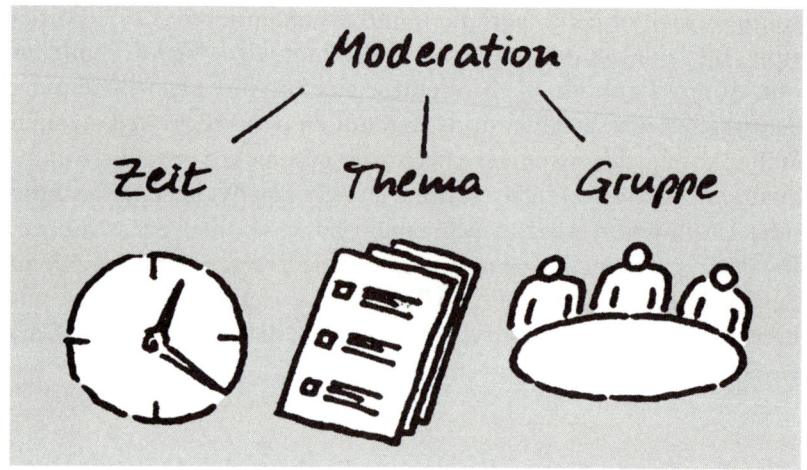

Abbildung 9:
Die Aufgaben einer Moderation

Team-Watching: Konzentration auf die Gruppe

Eine moderate Teamleitung bedeutet, eine neutrale Rolle einzunehmen und eine Gruppe im Diskussionsprozess zu begleiten, statt ihr ein vorgefertigtes Ergebnis überzustülpen. Die Moderation übernimmt während der Dauer des Meetings eine bestimmte *Service-Rolle*. Diese Funktion umfasst den Auftrag, die Teammitglieder zu befähigen, gemeinsam zu arbeiten und gemeinsam Ziele zu formulieren. Kreative Ideenfindung ist ein Gruppenergebnis, zu dem jedes Mitglied beigetragen hat. Nun kann wohl kein Mensch jeden Tag Spitzenleistungen erbringen. Unsere Arbeitslust und -leistung ist durchaus Schwankungen unterworfen.

Um konstruktiv zusammenarbeiten zu können, ist eine Atmosphäre gegenseitigen Vertrauens nötig, zumindest ein Klima gegenseitigen Respekts. Dazu kann jedes Sitzungsmitglied beitragen. Dennoch nimmt auch hier die Moderation für die Dauer des Meetings eine besondere Rolle ein. Der Moderator ist in seiner Leitungsfunktion verantwortlich für ein konstruktives Diskussionsklima. Dazu gehört, dass er einschreitet, wenn sich Teilnehmer verbal angreifen und häufig Killerphrasen verwenden. Eine professionelle Moderation hat dabei ein breites Instrumentarium an Motivations- und Interventionsmöglichkeiten, auf die später noch näher eingegangen wird.

Theme-Watching: themenbezogen diskutieren

Auch die Konzentration auf das Thema der Sitzung erfordert seitens der Moderation volle Aufmerksamkeit. Dies beinhaltet ein Einschreiten, wenn die Gesprächsteilnehmer von der Tagesordnung abweichen. Das Einhalten der Kommunikationsregeln (zuhören, sich gegenseitig ausreden lassen) ist und bleibt während der Sitzungsdauer zentrale Aufgabe der Moderation. Dazu gehört, dass man die Diskussion anregt, wenn sie ins Stocken gerät, einzelne Personen durch Fragen animiert, Vielredner stoppt, auf die Reihenfolge der Redner achtet und – wenn es sehr viele Beiträge gibt – eine Rednerliste führt. Wenn die Gruppe den roten Faden verliert, sollte die Moderation das bisherige Ergebnis kurz zusammenfassen (eventuell unter Berücksichtigung der visualisierten Besprechungspunkte) und dann wieder zum Thema hinführen.

Time-Watching: die Zeit im Blick haben

Das Einhalten der Zeit fällt sicherlich den meisten Moderatorinnen und Moderatoren am leichtesten. Dazu gehört, gezielte Pausen zu setzen und insgesamt den Zeitrahmen der gesamten Sitzung im Auge zu behalten. Ist man beispielsweise nach einer Stunde bei Punkt drei von insgesamt sechs Tagesordnungspunkten angelangt und hat nun nur noch 20 Minuten Zeit zur Verfügung, muss rasch entschieden werden, wie viel Diskussionsbedarf für diesen Punkt noch besteht. Hier helfen konkrete Abstimmungen (pro/contra/Enthaltungen), notfalls ist auch eine Vertagung des Themas auf eine spätere Sitzung angebracht.

Wichtig ist, dass Entscheidungen getroffen werden und nicht eine Tagesordnung so überfrachtet ist, dass nach der Sitzung alle Teilnehmer enttäuscht den Besprechungsraum verlassen, weil entweder wichtige Themen aus zeitlichen Gründen unter den Tisch fielen oder alle Themen durchgepeitscht wurden. Alle Beteiligten wissen es in der Regel zu schätzen, wenn sie ihre Arbeitszeit planen können. Und dazu gehört auch ein fester Meeting-Zeitrahmen, an dem sich alle orientieren können.

Als Fazit bleibt festzuhalten, dass Moderation vielfältige Kompetenzen verlangt und weit mehr umfasst als die Leitung einer Gruppe. Die Fähigkeit, Gruppen zu moderieren, ist ein ständiger Lernprozess, der viel Erfahrung und Übung erfordert. Deshalb sollten erfahrene Führungskräfte auch jüngeren Kolleginnen und Kollegen die Chance zur Moderation geben. Wer sagt denn, dass ausschließlich der Chef oder die Chefin Meetings moderieren müssen? Führen Sie in regelmäßigen Zeitabständen einen Moderationswechsel durch, um so einer gewissen Eintönigkeit entgegenzuwirken.

Checkliste

Moderation im Detail bedeutet:

- knappe und präzise Einführung, Eröffnung der Sitzung;
- Diskussion anregen, beispielsweise mit Fragen;
- moderat sein, das heißt, sich um Objektivität bemühen und sich nicht von einzelnen Personen oder Positionen vereinnahmen lassen;
- selbst sachlich bleiben und andere darauf hinweisen;
- eine Rednerliste führen, eventuell Redezeiten festlegen;
- Monologgefahr eindämmen (Vielredner stoppen, Schweigsame zum Reden animieren, sich selbst kurz fassen);
- auf Fairness der Gesprächspartner achten, Killerargumente unterbinden;
- die Gruppe zum Hauptthema hinlenken, wenn die Diskussion abschweift oder ausufert;
- auf den Zeitrahmen achten, bei längeren Sitzungen Pausen nicht vergessen;
- hin und wieder die wichtigsten Punkte zusammenfassen (Zwischenergebnisse);
- den Diskussionsverlauf visualisieren (beispielsweise auf

Flipchart, Overhead, Moderationskarten) oder ein Gruppenmitglied damit beauftragen;
- aufmerksam und konzentriert den Diskussionsverlauf verfolgen – verbal sowie nonverbal (Blickkontakt zur Gruppe);
- die Sitzung/Diskussion beenden (kurze Zusammenfassung, Hinweis auf noch offene Fragen und Aspekte).

Teamsitzungen lebendig und effektiv gestalten

Egal, ob Menschen privat oder beruflich zusammenkommen und agieren – jede Ansammlung von Menschen (Gruppen, Teams) löst ein bestimmtes Gruppenverhalten aus. Verhaltensforscher, die diese *Gruppendynamik* untersuchen, weisen darauf hin, dass jede Gruppe ein sich entwickelndes System darstellt, das über eine eigene Struktur und eigene Normen verfügt. In jedem Verein, Verband oder sonstigem Zusammenschluss geht es um Macht und Anerkennung, Beziehungen, Konflikte, unterschiedliche Interessen, Motivation und vieles mehr. Was bedeutet dies für die Moderation? Welche Hilfestellungen sind notwendig?

Der erste Tipp lautet: *Erkenne Dich selbst.* Für Sie als Teamleiter bedeutet dies, den eigenen Sinnen und den eigenen Beobachtungen vertrauen zu lernen und sich der persönlichen Stärken und Schwächen bewusst zu werden. Denn nur wer die eigene Wirkung auf andere Menschen kennt, kann sie sicher und souverän lenken und leiten.

Der zweite Tipp lautet: *beobachten, zuhören, kommunizieren.* Eine gute Moderation bündelt Informationen und lässt in Sitzungen vor allem die Beteiligten zu Wort kommen. Wahrer Meinungsaustausch und gute Diskussionen haben stets einen offenen Ausgang. Alles ist möglich. Wer seinem Team kein Mitsprache- und Gestaltungsrecht einräumen mag, sollte dies wenigstens offen legen und sich auf die Leitung beschränken. Ihre Mitarbeiterinnen und Mitarbeiter merken sehr wohl, ob Sie an einem echten Austausch oder nur an einer Scheindiskussion interessiert sind.

Der dritte Tipp lautet: *lernen durch Versuch und Irrtum.* Kluge Moderatoren lernen sehr viel durch den Austausch mit anderen. Schauen Sie doch einmal erfahrenen Kolleginnen und Kollegen über die Schulter und hospitieren bei ihnen als Comoderator. Besuchen Sie eine externe Fortbildung in Moderationsmethoden. Probieren Sie neue Methoden und Techniken in der nächsten Teamsitzung aus. Lernen erfordert immer auch Mut zum Risiko. Sehen Sie Ihre Moderationsrolle als Herausforderung für lebendige Sitzungen, die Ihnen nicht nur gute Ergebnisse liefern, sondern auch noch Spaß machen.

Giraffen und Breitmaulfrösche: Menschentypen in Sitzungen

Böse Zungen behaupten, dass der Arbeitsalltag für viele Führungskräfte und Mitarbeiter vorwiegend darin besteht, von einer Sitzung zur nächsten zu hasten. Man stellt Fragen, die man eigentlich selbst beantworten kann, oder man erwartet Antworten, die einen letztendlich nicht interessieren. Der immer anwesende Vielredner kommt vom Hundertsten ins Tausendste, die Runde schweigt und schaut verstohlen auf die Uhr. Man führt Entscheidungen herbei, die schon längst im Vorfeld getroffen wurden, oder man schiebt wichtige Beschlüsse auf die lange Bank. Das Hauptproblem vieler Sitzungen liegt offensichtlich in der Ineffizienz des Diskussionsverlaufs. In der Praxis dominieren wenige Personen das Geschehen, und auch erfahrenen Moderatoren gelingt es nicht immer, alle Sitzungsteilnehmer aktiv einzubinden. Was ist zu tun?

Zunächst einmal ist es wichtig, die jeweiligen Teammitglieder kennen zu lernen. Meist braucht es eine gewisse Zeit, um Menschen in ihrer jeweiligen Persönlichkeitsstruktur erfassen zu können. Wer jedoch die Typologie seines Teams erfasst, dem fällt es auch leichter, auf die jeweiligen Personen angemessen zu reagieren. Als besonders schwierig werden meist Schwätzer, Nörgler und Besserwisser eingestuft – dies behauptet jedenfalls die Mehrheit meiner Interviewpartner. Als Anregung im Umgang mit unangenehmen Zeitgenossen können die nachstehenden Tier-Typologien dienen. Selbstverständlich kann es in jedem Team nicht nur *ein Pferd* oder *einen Igel* geben, sondern mehrere Exemplare des jeweiligen Typs.

Das Reh
Zurückhaltende oder schüchterne Personen machen sich oft auch körperlich klein. Locken Sie als Moderator das scheue Reh aus seinem Versteck hervor. Stellen Sie ihm beispielsweise eine konkrete Frage, und ermuntern Sie es zu einer Stellungnahme.

Der Hund
Hunde, die bellen, beißen nicht. Diese Personen sind oft gereizt, aggressiv, fallen anderen ins Wort. Bleiben Sie als Moderator sachlich, und bitten Sie den Hund um konkrete Begründungen. Notfalls helfen auch Redezeitbegrenzungen und das Einbinden in konkrete Aufgaben (Protokoll).

Der Igel
Das stachelige Etwas fühlt sich oft angegriffen. Dieser Mensch nörgelt und kritisiert oft – manchmal zu Recht, manchmal zu Unrecht. Auch hier hilft zumeist die Bitte um Sachlichkeit und klare Stellungnahme. Und bedenken Sie: Kritische Aussagen verdienen immer unsere Beachtung, denn sie decken uns häufig Missstände und Fehlerquellen auf. Aus diesem Grund sollten Sie auch dem nörgelnden Igel Achtung und Respekt entgegenbringen.

Der Breitmaulfrosch
Er ist ein typischer Vielredner. Hier hilft nur eines: gezielt unterbrechen, auf Redezeitbegrenzung hinweisen, notfalls auch das Wort entziehen. Auch das Einbinden in konkrete Aufgaben ist sinnvoll.

Die Giraffe
Das hohe Tier agiert häufig als Comoderator und möchte Ihnen bewusst oder unbewusst Ihre Leitungsfunktion streitig machen. Machen Sie zu Beginn der Sitzung die »Spielregeln« deutlich. Nutzen Sie die Giraffe als Koordinator zur Arbeit in Kleingruppen.

Sollte es zu einem offenen Machtkampf mit der Giraffe kommen, sind Sie gut beraten, ein Klärungsgespräch unter vier Augen zu führen.

Das Nilpferd

Es taucht meist ab und bringt sich kaum ein. Jedoch nicht, weil es schüchtern ist, sondern weil es sich für das Thema nicht interessiert. Auch hier kann konkretes Nachfragen das Nilpferd an die Wasseroberfläche locken. Allerdings wird es sich selten für eine Aufgabe voll engagieren.

Das Pferd

Es ist ein angenehmer Zeitgenosse – interessiert und engagiert am Thema. Die Äußerungen des Pferdes sind sachlich und überlegt. Es weiß, was es will, stellt aber das Agieren in der Herde in den Mittelpunkt der Diskussion. Pferde können gute Comoderatoren sein. Auf alle Fälle sind sie konstruktive Zeitgenossen, mit denen es sich gut im Team arbeiten lässt.

Der Fuchs

Der schlaue Fuchs weiß seine eigenen Interessen zu vertreten. Er stellt listige Fragen und scheut auch nicht davor zurück, die Kompetenzen der Moderation offen anzuzweifeln. Wenn die Sitzungsleitung sachlich und ruhig bleibt, sich nicht zu einem Streit provozieren lässt, kurz und knapp die Fragen des Fuchses beantwortet, ist auch dieses Tier integrierbar.

Der Affe

Er ist der Clown der Runde. Schneidet hin und wieder Grimassen, hat oft einen Scherz auf den Lippen – auch bei ernsten Themen. Als Moderator können Sie durchaus seine Kreativität und seinen Humor für die Gruppenatmosphäre nutzen, denn der Affe ist meist ein beliebter Zeitgenosse. Stellen Sie ihm gezielte Fragen, und lassen Sie die Gruppe zu den Aussagen des Affen Stellung beziehen.

Kurzweile statt Langeweile: wie die Moderation Schwung in Sitzungen bringen kann

Keine Frage: Sitzungen und Besprechungen sind nötig und wichtig, um den gleichen Informationsstand zu gewährleisten und schwierige Punkte gemeinsam zu klären. Aber wie kann dies möglichst effektiv und kurzweilig geschehen? Das nachfolgende Fallbeispiel zeigt Ihnen einige typische Fehler und Abläufe von Meetings auf.

Beispiel

Eine typische Sitzung

Es ist Montag, 14.00 Uhr, Projektgruppensitzung bei der Firma Weber und Co. Von zwölf Teilnehmern sind acht Personen anwesend. Herr Lau, der Moderator, wartet noch einige Minuten, dann eröffnet er die Sitzung. Dreimal noch geht die Tür auf, drei Kollegen kommen, Stühlerücken, Griff nach Kaffee, Tee, Gebäck. Ein Handy klingelt. Herr Lau blickt vorwurfsvoll von seinem Blatt auf und verweist auf das Flipchart, auf dem in dicken Lettern steht: Handy ausschalten! Herr Müller flüstert Herrn Schneider etwas ins Ohr. Beide lachen. Herr Lau wird unsicher und denkt: Reden die etwa über mich? Frau Schmitz meldet sich zu Wort und will noch dringend vor dem offiziellen Beginn der Sitzung auf eine interne Infoveranstaltung hinweisen. O.k., Herr Lau nickt seufzend und gibt ihr das Wort. Herr Grün stellt Frau Schmitz eine Frage. Herr Lau unterbricht barsch. Hat diese Angelegenheit nicht bis nachher Zeit? Wir sollten nun endlich loslegen. Er verweist auf den ersten Punkt der Tagesordnung: Bericht von Frau Meier über den Online-Kongress in Berlin. In einem kurzen Referat schildert sie die wichtigsten Ergebnisse. Moderator Lau lobt und verweist darauf, dass es wünschenswert wäre, wenn alle so knapp und präzise berichten würden. Frau Meier nickt und ergänzt: So bleiben wir auch im Zeitrahmen. Herr Grün merkt süffisant an, dass es noch nie eine Projektsitzung gab, die kürzer als drei Stunden an-

dauerte. Er sei gespannt, ob zwei Stunden – wie in der Mail ange-
kündigt – ausreichen, und blickt Herrn Lau erwartungsvoll an.
Dieser ruft etwas genervt TOP 2 auf: Bericht von Herrn Müller
über die neue EDV-Anlage. Herr Müller ist noch nicht da. Was
tun? Herr Lau entscheidet sich nach kurzem Zögern, TOP 3 vor-
zuziehen. Herr Grün ist an der Reihe und soll über die neue Soft-
ware berichten. Nach einer Weile geht die Tür auf. Herr Müller
eilt in den Raum, murmelt einige Worte der Entschuldigung und
setzt sich. Herr Lau unterbricht Herrn Grün und begrüßt Herrn
Müller mit den Worten: Endlich, Herr Müller. Wird ja auch Zeit,
dass Sie kommen. Die Sitzung war um 14.00, nicht um 15.00 Uhr
angesetzt. Wir sind nun bereits bei TOP 3. Ihren Beitrag werde ich
an den Schluss unserer Besprechung setzen. Herr Müller sagt dazu
kein Wort. Währenddessen fährt Herr Grün mit seiner Power-
Point-Präsentation fort. Der Moderator unterbricht ihn nach einer
Weile: Vielen Dank, Herr Grün, für den Einblick. Wir sollten nun
diskutieren. Wer hat Fragen? Niemand meldet sich zu Wort. Der
Moderator weiß nicht, woran es liegt und meint salopp: Also, es
scheint ja, dass wir alles verstanden haben. Gut, dann hätte ich
noch einige Fragen. Nun folgt ein halbstündiger Dialog zwischen
Herrn Grün und Herrn Lau, bis Frau Meier unterbricht. Ich denke, so kommen wir nicht weiter. Es ist bereits 15.30 Uhr, und die
Sitzung ist bis 16.00 Uhr angesetzt. Herr Lau schaut verdutzt auf
die Uhr und meint zu Herrn Grün: Wir reden nach der Sitzung
noch weiter. Rasch wendet er sich Herrn Müller zu: Was gibt es
über die neue EDV-Anlage zu berichten? Herr Müller verteilt ein
dickes Skript. Alle blättern. Herr Paulis, der sich bislang zurückge-
halten hat, stellt eine Frage. Herr Müller nimmt ausführlich Stellung dazu. Mittlerweile ist es 16.15 Uhr. Herr Lau wird sichtlich
nervös. Mit Blick auf die Uhr stellt der Moderator bedauernd fest:
Unsere Sitzung wird wohl noch etwas dauern.

Keine Frage: Dieser Moderator hat die Diskussion nicht im
Griff, ihm fehlt es außerdem an Wissen, wie er Schwung und Engagement in die Runde bringen kann. Wie hat er diese Sitzung insgesamt geleitet? Nehmen Sie sich kurz Zeit, und beantworten Sie
die folgenden Fragen:

Was war gut, was war weniger gut am bisherigen Ablauf
dieser Sitzung?

_____

_____

_____

Was hätten Sie als Moderator anders gemacht?

_____

_____

_____

Ein Sitzungsablauf wie im oben beschriebenen Beispiel kommt in
der Praxis recht häufig vor. Interessiert oder engagiert sind dabei
nur die wenigsten. Die meisten Teilnehmer sitzen die Zeit ab und
hoffen auf ein baldiges Ende. Zugegeben, wenn sich Meetings an
Meetings reihen, ist es sowohl für die Moderation als auch für die
Diskussionsgruppe insgesamt schwierig, mit Engagement bei der
Sache zu bleiben. Dennoch lohnt es sich – gerade für Sitzungsleiter
und Moderatorinnen –, sich gezielt auf Gesprächsrunden vorzubereiten und immer wieder für Abwechslung zu sorgen.

Sitzungsbeginn

Schon zu Beginn einer Sitzung kann eine gezielte Einführung oder
Methoden wie *Blitzlicht* oder *Brainstorming* kleine Wunder bewirken. Ein *Anfangsblitzlicht* ist ein kurzer, knapper Kommentar jedes Sitzungsmitglieds zu einer bestimmten Fragestellung, etwa
»Was erwarte ich von der anstehenden Sitzung?«. Eine Diskussion
über die Äußerungen einzelner Teammitglieder ist dabei nicht vor-
gesehen. Blitzlichter dienen als Stimmungsbarometer und erste
Orientierung, wo jedes Mitglied zu Beginn der Sitzung steht. Auch
ein kurzes *Solo-Brainstorming* kann hier helfen. Dabei sollen die
Gruppenmitglieder ihre Gedanken ordnen und aufschreiben. Zu

Beginn der Sitzung schreibt ein jeder für sich auf, was ihm zu den Themen der anstehenden Besprechung einfällt. Dazu genügen fünf bis zehn Minuten. Auch durch diese Methode ist ein rascher und unkomplizierter Einstieg geschafft.

Eine kurze Einstimmung kann auch durch die Sitzungsleitung selbst erfolgen. Durch eine *gezielte Einleitung* kann der Moderator an die vorhergehende Besprechung anknüpfen, indem er beispielsweise auf das letzte Protokoll verweist und die wichtigsten Ergebnisse nochmals kurz zusammenfasst. Auch der pünktliche Beginn der Sitzung, eine freundliche Begrüßung und das Aufschreiben der aktuellen Tagesordnung auf ein Flipchart (oder die Verteilung der Tagesordnung an alle Anwesenden) sind wichtige Anfangselemente.

Ein sicherer und souveräner Einstieg kann ebenso durch methodische Erklärungen erfolgen. So kann der Moderator die Ablaufstruktur erläutern, indem er beispielsweise sagt: »Wir haben heute vier wichtige Themen zu besprechen. Ich schlage vor, dass wir uns dazu in vier Teilgruppen aufteilen. Das Losverfahren wird entscheiden, wer in welcher Gruppe arbeitet. Schaut her, ich habe entsprechende Lose dafür vorbereitet. Ihr seht, dass pro Arbeitsgruppe in jeder Raumecke eine Pinnwand mit Papier und Stiften bereitsteht. Jede Gruppe hat 20 Minuten Zeit, sich mit einem der vier Themen zu beschäftigen und die wichtigsten Diskussionsergebnisse schriftlich festzuhalten. Anschließend geht es im Plenum wieder weiter.«

Tipp

Wie pünktlich soll eine Sitzung eröffnet werden? Diese Frage wird immer wieder gestellt, weil viele Besprechungen weder zum angesetzten Termin beginnen noch aufhören. Mein Tipp: Orientieren Sie sich am *akademischen Viertel*. Konkret bedeutet dies, dass Sie als Moderator den Beginn einer Sitzung um maximal 15 Minuten hinauszögern. Pünktliche Teilnehmer haben meist Verständnis dafür, dass man noch einige Minuten auf Nachzügler wartet. Aber sie sind zu Recht verärgert, wenn man ihre Geduld überstrapaziert. Ohne Disziplin – auch in puncto Zeitvorgaben – ist das Arbeitsleben auf Dauer nicht zu organisieren. Gehen Sie deshalb als Moderator mit gutem Beispiel voran und halten Sie sich an den vorgegebenen Zeitrahmen.

Sitzungsverlauf

Auch während des Diskussionsverlaufs bieten sich verschiedene interaktive Methoden an, die für Abwechslung sorgen. *Kurzreferate* sind eine gute Möglichkeit, einen raschen Überblick über ein Thema zu gewährleisten. Dabei kann das Referat sowohl von der Moderation als auch von einem Teilnehmer gehalten werden (Zeitdauer: fünf bis zehn Minuten). Warum sollte nur im Plenum diskutiert werden? Die Arbeit in Kleingruppen ist oft wesentlich effizienter und macht mehr Spaß. Das Gespräch in *Arbeitsgruppen* (mit Zeitvorgabe!) führt in der Regel nicht nur zu einem intensiveren Meinungsaustausch, sondern steigert auch die Konzentration im Plenum, wenn die Ergebnisse der Gruppen präsentiert werden. Die *Arbeit mit Kreativmethoden* wird leider immer noch zu wenig genutzt, dabei können viele Kreativtechniken während eines Meetings geschickt eingesetzt werden.

Auch ein *kurzer Filmbeitrag oder ein Video* bringen Abwechslung in einen Sitzungsablauf. Zwar sollte man dieses Mittel nicht zu häufig einsetzen, um Fernsehkonsum-Verhalten zu vermeiden, trotzdem bietet ein Video bei vielen Themen eine gute visuelle Unterstützung. *Eine Pause* hilft vor allem dann, wenn sich die Diskussion im Kreis dreht oder wenn die Gruppe müde und ausgepowert ist. Bei zu langen Sitzungen leiden immer die Konzentration und das Engagement der Teilnehmer. Deshalb sind Pausen keine Zeitverschwendung, sondern dienen der Erholung und dem Small Talk.

Auch *Fragen* strukturieren die Diskussion. Sie sind ein unverzichtbares Element jeder Moderation. So kann die Sitzungsleitung beispielsweise eine konkrete Frage in die Runde stellen und darum bitten, dass reihum alle kurz zu dieser Frage Stellung nehmen. Dadurch werden alle eingebunden – auch die bislang schweigenden Teilnehmer. Darüber hinaus ist das *gezielte Ansprechen einzelner Personen* möglich. Es signalisiert, dass man an ihrer Meinung interessiert ist. Diese Intervention kann vor allem bei schweigsamen oder zurückhaltenden Teilnehmern sinnvoll sein, um diese in die Diskussion einzubinden. Eine effektive Methode ist auch die so genannte *Murmelrunde*. Sie bietet sich vor allem in größeren Sitzungsrunden an (ab zehn Personen). Mit dem Sitzungsnachbarn tauscht man sich über ein Thema der Tagesordnung aus (etwa fünf Minuten). Einer von beiden stellt anschließend kurz das Ergebnis vor. Das spart Diskussionszeit, ist aber dennoch intensiv und interaktiv.

Einige dieser Methoden sind sicherlich gewöhnungsbedürftig und verlangen Übung und Erfahrung. Zudem muss ein Moderator stets damit rechnen, dass sich nicht alle Sitzungsteilnehmer aktiv einbinden lassen. Wenn jedoch Interaktionen als Angebot und nicht als Befehl kommuniziert werden, haben Sie als Moderator gute Chancen, neuen Schwung in Ihre Meetings zu bringen.

Sitzungsende

Häufig herrscht bereits vor dem offiziellen Abschluss der Sitzung Aufbruchstimmung. Hier kann die *Auswahl von interessanten Diskussionsthemen* nochmals zu einem Konzentrationsschub führen. Führen Sie bei wichtigen Themen eine Abstimmung herbei. Dies stärkt den Gruppenprozess und die Motivation der Teilnehmer. Auch die *Zusammenfassung der bisherigen Ergebnisse* sollte am Ende einer Sitzung als kleines Fazit niemals fehlen. Dies dient der Orientierung und dem Ausräumen von Missverständnissen. Alternativ kann ein *Abschlussblitzlicht* als Stimmungsbarometer dafür sorgen, dass nochmals die Meinung aller Teilnehmer eingeholt wird.

Tipp

Umgang mit Killerphrasen
Im Fußball zeigt der Schiedsrichter bei Verstößen gegen die Fairness Gelbe und Rote Karten. Dieses Vorgehen lässt sich auf Sitzungen aller Art übertragen. Die Moderation benötigt dazu ein rotes Papier, am besten eine rote Karteikarte. Immer dann, wenn jemand eine Killerphrase benutzt (*»Das ist doch absoluter Unsinn.« »Das klingt ja theoretisch gut, aber ...«),* heben sie die Rote Karte. Sie werden rasch feststellen, dass dieses Vorgehen zwar am Anfang für Belustigung oder Verwunderung sorgt, doch auf Dauer seine Wirkung nicht verfehlt. Im Laufe einer Sitzung kommt es dadurch zu einer deutlichen Abnahme von abwertenden Aussagen.

Einsatz von Kreativtechniken – so macht Teamarbeit Spaß

Kreativität gehört zu den gefragtesten Eigenschaften, und in nahezu allen Stellenausschreibungen wird sie als Schlüsselqualifikation genannt. Der dynamische und kreative Mitarbeiter ist gefragt wie wohl niemals zuvor. Zwar ist dieser Begriff nicht exakt definierbar, aber für die Kreativitätsforschung besteht kein Zweifel daran, dass kreatives Denken durchaus erlernbar ist. Allerdings finden kreative Instrumente in unserer heutigen Arbeitswelt nur selten Anwendung. Die Kreativitätsforschung nennt etwa 200 Kreativmethoden, aber die meisten Führungskräfte kennen davon – wenn überhaupt – nur Brainstorming. Steht dies nicht im Widerspruch zu *Kreativität als Schlüsselqualifikation?* Und muss nicht jede Führungskraft daran interessiert sein, mit innovativen Mitarbeiterinnen und Mitarbeitern zusammenzuarbeiten?

Viele Vorgesetzte machen in aller Regel keinen Hehl daraus, dass sie zwar die Wichtigkeit von Kreativmethoden anerkennen, sie jedoch im Arbeitsalltag meist vernachlässigen. So ließ beispielsweise Tobias Gärtner (Multimediaagentur) im Interview verlauten: »Leider wendet man Kreativtechniken zu selten an. Man denkt einfach oft nicht daran, obwohl man dazu Seminare besucht und einiges darüber gelesen hat.« In der Tat scheint das Hauptproblem darin zu bestehen, theoretisches Wissen im Arbeitsalltag anzuwenden. Oft hilft der gute Wille allein nicht weiter. Es bedarf eines externen Trainers, der erinnert, anstößt und reflektiert. Im Folgenden werden *drei Kreativmethoden* vorgestellt, die in der Teamarbeit von großem Nutzen sein können.

Brainwalking: Bewegung macht kreativ(er)

Brainwalking ist sicherlich weit weniger bekannt als Brainstorming. Beim Brainstorming – dem »Hirnsturm« – werden Ideen zu einem Thema aufgeschrieben und anschließend bewertet. Der Moderator schreibt die Ideen der Teilnehmer auf das Flipchart oder die Wandtafel auf. Das klassische Bild: Die Teilnehmer sitzen, der schreibende Moderator steht, es wird zu einem Thema gebrainstormt.

Was ist nun beim Brainwalking anders? Wie das Wort bereits vermuten lässt, entstehen die Ideen im Gehen. Anders als beim Brainstorming können beim Brainwalking mehrere Themen parallel bearbeitet werden. Im Sitzungsraum hängen an den Wänden mehrere Flipchartbögen mit unterschiedlichen Fragestellungen (meist drei bis fünf Themen). Die Ideenfindung besteht nun darin, dass alle Teilnehmerinnen und Teilnehmer im Raum hin und her laufen und ihre Ideen auf die jeweiligen Bögen schreiben. In dieser Phase, die 15 bis 20 Minuten dauert, sollte Ruhe im Raum herrschen. Der kreative Denkprozess soll durch das Gehen (Bewegung) und Schweigen (Konzentration) angeregt werden. Erst in der Bewertungsphase wird das Schweigen gebrochen, und man tauscht sich über die aufgeschriebenen Ideen aus.

Abbildung 10:
Brainwalking: Teilnehmer bewegen sich im Raum zu verschiedenen Flips

Beispiel

Thema Fusion
Ein Fusionsprozess ist für jedes Unternehmen eine schwierige Veränderungsphase. In vielen Gesprächen, Seminaren, Workshop, und Arbeitstreffen werden von den Unternehmensverantwortlichen solche langfristigen Prozesse ausgedacht, geplant, entworfen, verworfen und wieder neu konzipiert. Nehmen wir an, dass sich eine Führungscrew von Marktbereichsleitern (Sparkasse) entschließt, unter der Anleitung einer externen Moderation ein Brainwalking durchzuführen. Dies könnte wie folgt aussehen:
Der Moderator gibt entweder drei Fragestellungen vor, oder die Gruppe entscheidet sich für drei Fragestellungen, beispielsweise:

- Wie stelle ich mir die Sparkasse nach der Fusion vor?
- Wie können Vorbehalte in der Belegschaft abgebaut werden?
- Wie können die Marktbereiche neu organisiert werden?

Diese drei Fragestellungen werden jeweils auf Flipchartbögen geschrieben und an verschiedenen Stellen im Raum aufgehängt oder auf Tische ausgelegt. Es ist auch möglich, drei Pinnwände mit Packpapier an drei verschiedenen Stellen im Raum aufzustellen. Jede Person bekommt einen Stift (am besten eignen sich dicke Edding-Stifte), die Moderation erinnert nochmals an die formalen Ablaufregeln (Zeitrahmen für das Walking 20 Minuten, Anknüpfen an Ideen anderer durchaus erwünscht, Sprechen in der Ideenphase nicht erlaubt, deutlich schreiben, stichwortartiges Aufschreiben der Ideen), dann kann es losgehen: Die Teilnehmer gehen im Raum umher und schreiben ihre Ideen zu den verschiedenen Fragestellungen auf. Wichtig ist hierbei: Alle können an die Einfälle der Vorschreiber anknüpfen – jedoch ist dies kein Muss!

Nach der »Spinnphase« erfolgt die Ideenbewertung im Team unter Anleitung des Moderators. Je nach Zeitdruck bieten sich unterschiedliche Auswertungsverfahren an. Als Möglichkeiten sind denkbar: Pro-contra-Diskussion aller Ideen (ist zeitaufwändig); Rosinen picken (jeder Teilnehmer markiert seine drei besten Ideen) oder eine Bewertung nach bestimmten Kriterien (Originalität, Effizienz, rasche Umsetzbarkeit und anderes mehr).

Eine Sitzung mit bunten Hüten: Farben-Denken statt Schwarz-Weiß-Denken

Die Forschungen des amerikanischen Kreativitätsexperten Eduard de Bono (siehe Anhang *Internetlinks*) über die Funktionsweise des menschlichen Gehirns haben weltweit ein breites Echo gefunden. De Bono gilt als der Vater des *Sechs-Farben-Denkens*. Das Sechs-Farben-Denken, von de Bono oft symbolisiert durch sechs verschiedenfarbige Hüte, implementiert sechs verschiedene Denkweisen. Ziel dieser Technik ist es, in Besprechungen, Meetings, Konferenzen, Projektplanungen und Fachdiskussionen »farbige« Akzente zu setzen, die dazu beitragen, effizienter, vorurteilsfreier und kreativer zu diskutieren.

Als Vorbereitung zu dieser Kreativitätstechnik benötigen Sie buntes Papier in den Farben Rot, Gelb, Blau, Grün, Weiß und Schwarz. Jedem Teilnehmer wird später eine Farbe zugeordnet. Sie können entweder die bunten Papiere auf dem Konferenztisch auslegen oder bunte Papierhüte oder bunte Armbinden basteln. Die Farben stehen für eine bestimmte Sicht- und Denkweise, die ein Diskussionsteilnehmer einnehmen und während der Diskussion auch durchhalten sollte.

Farbe	damit verbundene Sichtweise
Weiß:	Fakten, Zahlen, reine Informationen
Rot:	Emotionen und Gefühle, auch Intuition
Schwarz:	Advocatus Diaboli, negatives Urteil
Gelb:	Sonnenschein, Optimismus
Grün:	Kreativität, Bewegung, Provokation
Blau:	Abstand, Kontrolle, Moderation

Beispiel

Sitzung nach dem Sechs-Farben-Denken

Alle Sitzungsteilnehmer setzen sich um den Tisch. Eine Person nimmt sich die Farbe Blau und eröffnet die Runde als Moderator/Moderatorin. Er oder sie bittet um Wortbeiträge beispielsweise zum Thema: »Wie können wir unsere Meetings in Zukunft effizienter durchführen?« Eine andere Person übernimmt die Farbe Rot und spricht über die eigenen Emotionen bezüglich des Themas, über Furcht und Freude und über vage Empfindungen. Daraufhin schleudert vielleicht Schwarz – die negative Denkweise – eine Killerphrase in den Raum und empört sich über das Thema der heutigen Sitzung. Die Moderation (Blau) weist ruhig und sachlich auf die Dringlichkeit dieser Thematik hin und fordert einen Sitzungsteilnehmer (Grün) dazu auf, seine Überlegungen zu äußern. Dieser

Abbildung 11:
Die sechs Hüte

plädiert für mehr Abwechslung und schlägt vor, in künftigen Meetings mehr in Kleingruppen zu arbeiten. Unterstützung findet er mit dieser Bemerkung bei der Farbe Gelb, die weitere Anregungen gibt.

Das Beispiel zeigt, wie der Einstieg in eine Sitzung nach dem Sechs-Farben-Denken ablaufen könnte. Der Wert dieser Kreativitätstechnik besteht vor allem aus dem Folgenden:

- Die *kreative Stimme* (Grün) muss gehört werden. Kreativität bleibt somit keine leere Floskel, sondern ist ein wichtiger Bestandteil jeder Besprechung.
- Es gibt keine Diskussion ohne Moderation. Die Farbe Blau muss moderat und professionell die Sitzung leiten. Wenn beispielsweise Schwarz permanent mit Killer-Argumenten um sich schlägt, ist es die Aufgabe von Blau, diese Killerphrasen zu unterbinden und auf das Fair Play aller Beteiligten zu achten.
- Diese Technik erlaubt einen fruchtbaren Perspektivenwechsel. So kann die Moderation den klugen Fakten- und Zahlenmenschen (Weiß) dazu auffordern, *grün* zu denken – also kreative Vorschläge zu unterbreiten. Dieser Rollen- und Perspektiven-

wechsel kann oft zu überraschenden Ergebnissen führen und zwingt die Beteiligten, das eigene Schubladendenken zu verlassen.

- Das knappe Gut *Zeit* kann effizienter genutzt werden. Zum Einstieg genügen 20 bis 30 Minuten, um einen Eindruck über die Wirkungsweise der Sechs-Farben-Methode zu gewinnen.
- Die Technik des Sechs-Farben-Denkens macht einfach Spaß. Gerade in angespannten und festgefahrenen Diskussionsrunden sorgt sie für Lockerheit, verdeutlicht festgefahrene Argumentationsmuster und fördert das kreative Denken.

Die Walt-Disney-Strategie: Sichtweisen aufspalten statt eindimensional denken

Walt Disney, der Erfinder von Mickymaus und vieler anderer Comicfiguren, hat eine eigenwillige Kreativmethode entwickelt: Er versuchte, Aufgaben und Herausforderungen mindestens von drei Sichtweisen, streng genommen von drei *Sitz*weisen her, zu betrachten. Dazu benutzte er drei Stühle, auf die er sich abwechselnd setzte. Jeder Stuhl stand symbolisch für eine bestimmte Denkposition.

Walt Disney interessierte vor allem die Umsetzung kreativer Ideen. Deshalb konzentrierte er sich vor allem auf drei Grundmuster: *Traum, Kritik und Realisation.* Wenn er sich auf den Traumstuhl setzte, ließ er seiner Fantasie freien Lauf. Träume, Figuren und Geschichten wurden ersponnen und im wahrsten Sinne des Wortes *ver-rückt* gedacht. Dann erfolgte ein Stuhlwechsel. Er unterzog seine Ideen einer schonungslosen Kritik: Was ist gut, was ist schlecht? Und schließlich nahm er auf dem Realisationsstuhl Platz und konzentrierte sein Denken auf die Aspekte seines Ideenpools, die ihm realisierbar erschienen. Ergebnis war häufig die Versöhnung von Traum und Kritik in Form kreativer Ideen, die in der Praxis umgesetzt wurden.

Diese Kreativitätstechnik kann eigentlich jeder und jede für sich nutzen. Versuchen Sie hierbei, nacheinander die verschiedenen Stühle oder Positionen einzunehmen:

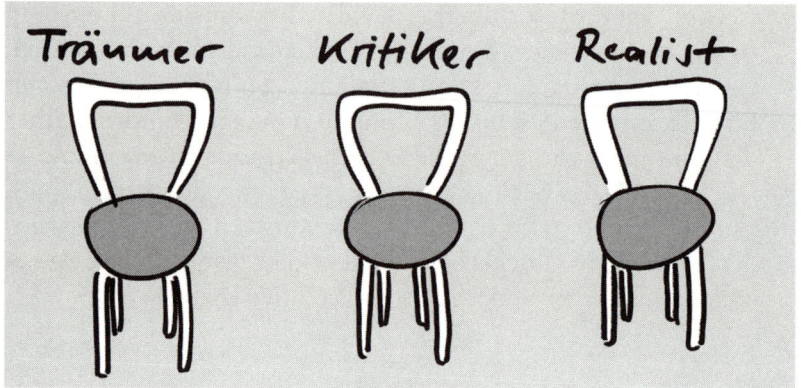

Abbildung 12:
Die drei Stühle des Walt Disney

Träumer

- Spinnen Sie, tagträumen Sie, entwickeln Sie fantastische Lösungen für das Problem.
- Beschreiben Sie Ihre Visionen und Wünsche, wie der Zustand nach Lösung des Problems aussehen soll.

Kritiker

- Beurteilen Sie die Vision und die Vorstellungen des Träumers.
- Üben Sie umfassende Kritik, aber nicht einseitig negativ, sondern streichen Sie auch die positiven Seiten der Ideen hervor.
- Welche Vorteile, welche Nachteile werden deutlich?

Realist

- Wie können mögliche Hindernisse überwunden werden?
- Welche Schritte, welche Maßnahmen stehen bis wann an?

Diese Technik erfordert ein hohes Maß an Konzentration und Disziplin. Da es vielen Menschen leichter fällt, in einer Gruppe kreativ zu sein, kann die Walt-Disney-Kreativmethode auch als *Teammethode* sehr erfolgreich sein. Wie dies im Berufsalltag umgesetzt werden kann, zeigt folgendes Beispiel.

Beispiel

Multimedia-Firma in der Krise

In einer kleinen Multimedia-Firma mit zwölf Beschäftigten gibt es Ärger. Die anfängliche Euphorie ist merklich gedämpft. Es gibt Koordinations- und Kommunikationsprobleme untereinander, die Anschaffung neuer PCs und einer neuen Telefonanlage schluckten viel Geld. Die Auftragslage ist seit einigen Wochen angespannt, ein Großkunde hat ein geplantes Internetprojekt abgesagt. Die Stimmung im Team ist entsprechend gereizt. Alle bewegt die Frage, wie sowohl das Arbeitsklima als auch die Auftragslage wieder verbessert werden können.

Die Walt-Disney-Strategie kann in dieser Phase eine gute Klärungshilfe sein. Dies kann dadurch geschehen, dass zunächst drei Mitglieder des Teams auf je einem Stuhl Platz nehmen. Der Rest der Gruppe beobachtet die Diskussion. Zuerst beginnt der *Traumstuhl,* Visionen zu entwickeln, wie der Soll-Zustand nach dem Lösen des Problems aussehen könnte. Da in keinem Problemlösungsprozess Kritik fehlen darf, meldet sich sogleich der *Kritikstuhl* zu Wort. Seine Aufgabe ist es, einleuchtende Gegenargumente vorzubringen, warum die *Traumstuhl*-Ideen unpraktikabel sind. Nun mischt sich der *Realisationsstuhl* ein. Er versucht, aus den Beiträgen der beiden Mitspieler umsetzbare Lösungen herauszufiltern.

Ziel ist es, dass die Beteiligten nicht nur ihre jeweilige Position verdeutlichen, sondern miteinander ins Gespräch kommen und ihre Argumente austauschen. Die Außensitzenden verfolgen die Diskussion als Zuhörer. Sie können sich nach vorheriger Absprache auch aktiv einbringen, indem nach einer gewissen Zeit ein Wechsel in der Stuhlbesetzung stattfindet. Die Dreierkonstellation diskutiert dann in neuer Besetzung weiter.

Bei der Durchführung der Walt-Disney-Strategie im Team haben sich folgende Schritte als sinnvoll erwiesen:

- Stellen Sie drei Stühle nebeneinander mit den Bezeichnungen: Traum, Kritik, Realisation.

- Halten Sie die Fragestellung auf einem großen Zettel oder einer Tafel fest, damit das Thema jederzeit im Blick ist.
- Nun nehmen drei Personen auf den Stühlen Platz, die sich jeweils nochmals die Funktion ihrer Position bewusst machen.
- Diskutieren Sie nun etwa 20 bis 30 Minuten – entweder in fester Besetzung oder im Wechsel.
- Lassen Sie entweder eine Videokamera mitlaufen oder protokollieren Sie die wichtigsten Aussagen der drei Positionen.
- Zum Schluss erfolgt die Analyse des gesamten Diskussionsverlaufs: Welche Ideen können umgesetzt werden?

Drei Team-Kreativtechniken auf einen Blick

Brainwalking
Diese Technik kombiniert die Vorteile des Brainstormings und des Brainwritings. Mehrere Fragestellungen können im Team parallel bearbeitet werden. Durch die Bewegung im Raum wird das Denken »gelockert«. In der Walking-Phase ist Sprechen nicht erlaubt. Die Auswertung der Ideen geschieht entweder durch die Verteilung von Punkten (Hitliste erstellen) oder durch die ausführliche Pro-contra-Diskussion aller Ideen.

Das Sechs-Farben-Denken
Die Farben Weiß, Rot, Schwarz, Gelb, Grün und Blau stehen für unterschiedliche Denk- und Diskussionsweisen. Ausgangspunkt ist ein konkretes Tagesordnungsthema. Die Teammitglieder nehmen jeweils die Position einer Farbe ein und erläutern aus dieser Perspektive ihre Einstellung gegenüber dem Thema.

Die Walt-Disney-Strategie
Perspektivenwechsel ist die Basis jeder Kreativität. Jedes Thema wird aus drei Sichtweisen betrachtet: Vision, Kritik und Realisation. Drei Teammitglieder nehmen jeweils eine dieser Denkhaltungen ein und diskutieren ein vorab festgelegtes Thema.

Mit Visualisierung arbeiten

Moderieren allein genügt heute oft nicht mehr. Von jungen Führungskräften wird neben der klassischen Moderationskompetenz auch die Fähigkeit verlangt, ihre Ideen gut vor anderen präsentieren zu können. In diesem Zusammhang sollte unterschieden werden zwischen dem Moderator, der gleichzeitig auch die Ergebnisse der Diskussion visualisiert – also als Moderator und Präsentator wirkt –, und der reinen Präsentation. Eine Führungskraft auf einem internationalen Meeting wird in der Regel eine Präsentation der Ergebnisse ihrer Projektgruppe vor ihren ausländischen Kollegen anbieten und muss dabei nicht zwangsläufig als Moderator agieren.

Hand aufs Herz: In wie vielen Meetings werden Protokolle verfasst, die von den Beteiligten dann nie gelesen werden? Natürlich soll der Verlauf einer Besprechung dokumentiert werden, um die wichtigsten Argumente und Ergebnisse festzuhalten. Allerdings ist es ratsam, während der Sitzung den Stand der Diskussion für alle sichtbar zu machen und dadurch den aktiven Informationsaustausch zu unterstützen. Auch im Zeitalter hoch entwickelter Computeranimationen haben einige herkömmliche Medien nicht ausgedient. In den meisten Konferenzräumen sind Medien wie Flipchart, Overheadprojektor oder Moderationsmaterialien (Moderationskoffer und Pinnwände) vorhanden. Ihr effizienter Einsatz lohnt sich.

Info

Was bedeutet Visualisation?

Visualisieren leitet sich von visuell ab – *das Auge betreffend.* Wer Informationen visualisiert, also augengerecht aufbereitet, kann sich sicher sein, dass dies auf die Teilnehmer nachhaltiger wirkt als das gesprochene Wort. Wissenschaftliche Untersuchungen haben bewiesen, dass die Merkfähigkeit einer nur gesprochenen Nachricht etwa 20 Prozent beträgt, wenn wir sie dagegen hören *und* sehen, kann sich der Wert auf bis zu 50 Prozent steigern. Visualisierungsmittel dienen der nachhaltigen Verstärkung trockener Theorie. Der Einsatz von Medien wie Flipchart, Moderationskarten und anderen Mitteln soll theoretische Sachverhalte und Strukturen verdeutlichen und transparenter machen.

Es gibt unterschiedliche Auffassungen darüber, ob die Moderation auch die Visualisierung der Diskussion übernehmen sollte. Optimal ist es, wenn die Sitzungsleitung beides beherrscht – Moderieren und Visualisieren. Manche Führungskräfte haben dazu eine spezielle Ausbildung durchlaufen. So argumentiert beispielsweise Stefan Lechner, dass er aufgrund seiner Trainerausbildung unterschiedliche Methoden und Medien einsetzen kann, was sich in Teamsitzungen als nützlich erweist. Aber nicht jede Führungskraft muss zwingend an solchen zeit- und kostenintensiven Aus- und Fortbildungen teilnehmen. In der Praxis bietet sich durchaus eine Aufgabenteilung an: Ein Moderator arbeitet mit einem Kooperationspartner zusammen, der die Visualisierung und Präsentation der Diskussion übernimmt.

Es ist in jedem Fall hilfreich, bei der Vorbereitung eines Meetings einen Mediencheck durchzuführen. Dabei kann man sich die Arbeit sehr erleichtern, wenn man sich an vorbereiteten Checklisten orientiert. Die nachfolgende Checkliste dient als Beispiel, wie man diesen Mediencheck durchführen sollte.

Das Flipchart – der Klassiker unter den Medien

Flipcharts gehören ohne Zweifel zur Standardausrüstung jedes Sitzungsraums. Ob zwei oder zwanzig Personen zusammenkommen – das Flipchart bietet die nötige visuelle Unterstützung. Auch wenn manche der Auffassung sind, dass im Zeitalter der Computer-Präsentation Medien wie das Flipchart überflüssig werden, so ist es doch ein Medium, das nicht nur bei Stromausfall jederzeit gute Dienste leistet. Die einfache Konstruktion und die Größe erlauben den Benutzern eine großzügige Handhabung von Papier, Schrift und Farbe. Ein Flipchart bietet hervorragende Möglichkeiten, ein Problem aufzuzeigen,

Checkliste

Medien für die Projektsitzung am 12.12.2002

Medium	Anzahl	verantwortlich
Flipchart	1	Stefan Lacher
Papierbögen für Flipchart	30	Stefan Lacher
Pinnwände	4	Stefan Lacher
Moderationskoffer (Karten, Stifte, Klebepunkte, Nadeln ...)	1	Stefan Lacher
Video-/Digitalkamera	1	Sabine Grün
Overheadprojektor	0	
Folien	0	
Beamer und Laptop	1	Sabine Grün

aufzuzeichnen oder aufzuschreiben. Dazu muss man diesen Gegenstand jedoch fachgerecht nutzen. Es erfordert Übung und Erfahrung, beispielsweise eine große Papierfläche so zu beschriften, dass alle Sitzungsteilnehmer die Informationen auch lesen können.

Vor- und Nachteile von Flipcharts

Vorteile	Nachteile
• flexibler Einsatz ohne Abhängigkeit von Steckdosen oder Leinwänden;	• eignet sich primär für kleinere Gruppen (2 bis max. 20 Personen);
• Papiergröße bietet gute Visualisierungsfläche;	• gängige Flipcharts auf drei Beinen sind etwas umständlich zu transportieren (ideal: Flips auf Rollen);

- Darstellungen (Texte/Skizzen) können jederzeit verändert oder ergänzt werden;

- vorbereitete Texte/Schaubilder können präsentiert werden.

- Übung ist nötig, um typische Fehler (zu kleine Schrift, zu voll geschriebene Blätter) zu vermeiden.

Bei einem Flipcharteinsatz sollten Sie die folgenden Punkte beachten:

- Platzieren Sie das Flipchart so im Raum, dass alle Anwesenden das Aufgeschriebene problemlos lesen können.
- Sprechen Sie nicht, während Sie schreiben. Stellen Sie sich nach dem Aufschreiben zum Erläutern neben das Flipchart, und halten Sie Blickkontakt zu Ihrem Publikum.
- Beschreiben Sie die einzelnen Blätter nicht zu voll. Als Orientierung gilt: Drei Viertel der Blattfläche kann beschriftet werden, der untere Rand ist tabu.
- Reduzieren Sie sich auf die wesentlichen Informationen. Schreiben Sie Schlagworte auf, keine längeren Statements.
- Schreiben Sie in Druckschrift. Groß- und Kleinbuchstaben sind besser zu lesen als reine GROSSBUCHSTABEN.
- Verwenden Sie spezielle Stifte/Marker in drei, maximal vier kontrastreichen Farben (zum Beispiel schwarz, rot, blau, grün).

Tipp

Natürlich können Sie Ihre Flipchartbögen als Dokumentation oder Protokoll abfotografieren. Dabei ist es wichtig, dass Sie nicht frontal blitzen, da das Papier den Blitz reflektiert, was meist einen weißen Fleck im Zentrum hinterlässt. Moderne Digitalkameras bieten hier mehr Komfort: Dokumentierte Flipchart-Bilder können später im PC gespeichert und weiterverarbeitet werden.

Der Overheadprojektor –
das schwarze Schaf unter den Medien?

Es scheint nur noch eine Frage der Zeit zu sein, bis die klassische Folienpräsentation von Präsentationen via PC und Beamer endgültig abgelöst wird. Dennoch lohnt sich ein Blick auf das Medium Overhead, denn auch eine Overhead-Präsentation kann Zuhörerinnen und Zuhörer begeistern. Allerdings darf keine Folienschlacht erfolgen. Folien sollten gezielt eingesetzt und vor allem unterschiedlich gestaltet werden.

Der Overheadprojektor projiziert eine sich auf einer horizontalen Glasfläche befindende Vorlage über ein optisches System an die Wand. Deshalb werden Overheadprojektoren vor allem bei Vorträgen vor größerem Publikum eingesetzt. Die Übertragung der auf einer Folie aufgelisteten Informationen auf eine Wandfläche wird so für alle Anwesenden sichtbar. Overheadfolien sind ein gutes Medium, um wichtige Sachverhalte kurz, knapp und präzise auf engem Raum zu komprimieren und damit die eigene Rede zu strukturieren. Wie jedes Visualisierungsmittel sollten die Folien jedoch gezielt und nicht zu häufig eingesetzt werden. Denn auch hier gilt: Weniger ist mehr!

Vor- und Nachteile von Overheadprojektoren

Vorteile	Nachteile
• Informationen für alle Anwesenden im Großformat;	• Nutzung setzt abgedunkelte Räume voraus (Einschlafgefahr!);
• Folien sind gut vorzubereiten;	• Gerät und Zubehör müssen entsprechend gepflegt werden (Lampe, Linse, Glasplatte);
• Folien sind leichtes Gepäck;	
• Folien sind mehrfach verwendbar;	• Gerät erzeugt Nebengeräusche (Gebläse).
• Folien ermöglichen Abwechslung (Fertigfolien, Live-Folien, Text-, Bild- und Schematafolien).	

Auch der Einsatz eines Overheadprojektors muss gut vorbereitet sein. Dies betrifft vor allem die zu benutzenden Folien. Daher sollten Sie die nachfolgenden Punkte über Vorbereitung und Einsatz von Folien berücksichtigen.

Info

1. Die Folie optimal vorbereiten und gestalten

Das Layout einer Folie sollte so gestaltet sein, dass die Zuhörer, die ja auch Zuschauer sind, die Inhalte rasch aufnehmen können. Als Orientierung gelten folgende Punkte:

- Eine gute Folie ist einfach strukturiert, reizt zum Hinschauen, wirkt jedoch nicht überladen.
- Eine gute Folie ist niemals eng beschriftet, weil sie Übersichtlichkeit gewähren möchte.
- Eine gute Folie garantiert gute Lesbarkeit (große Schrift, genügend Zeilenabstand).
- Eine gute Folie grenzt Haupt- und Nebenaspekte deutlich voneinander ab (Unterstreichungen, unterschiedliche Farben).
- Eine gute Folie lässt einen breiten Rand (etwa 4 bis 5 Zentimeter), um eventuell Ergänzungen während des Vortrags aufnehmen zu können.

2. Die Folie auflegen und wirken lassen

Der/die Vortragende legt die Folie auf und lässt seinem Publikum Zeit, um sie wirken zu lassen. Aus den Zuhörern werden in diesem Fall Zuschauer respektive Leser: Sie benötigen einige Sekunden, um die Folieninhalte aufzunehmen und zu verarbeiten.

3. Die Folie kommentieren

Bei komplexen Darstellungen ist es besonders wichtig, dem Publikum kommentierende Erläuterungen zur Folie zu geben. Lesen Sie die Folie aber nicht einfach ab, sondern erläutern Sie die wesentlichen Kernpunkte.

4. Die Folie als Konzentrationspunkt benutzen
Das Markieren oder das Antippen einer bestimmten Folieninformation mit einem Stift (oder Zeigestab) kann die Aufmerksamkeit der Zuhörer kanalisieren und wichtige Aussagen des Referenten unterstreichen.

5. Die Folie abschließen
Folien sollten mit einem zusammenfassenden Satz oder einer Frage abgeschlossen werden. Nach der Folien-Inszenierung sollte sich die Aufmerksamkeit wieder dem Referenten/der Referentin (und eventuell einem weiteren Medium) zuwenden. Eine einfache und gute Methode, um dies zu erreichen, ist das Ausschalten des Overheadprojektors. Dadurch wird ein klares Signal gesetzt, dass die Folienpräsentation beendet ist.

Der Moderationskoffer – mehr als ein buntes Kartensortiment

Farben bereichern das Leben. Sie signalisieren, unterstreichen, heben hervor, leuchten. Auch im Arbeitsleben hat sich diese Tatsache durchgesetzt. In vielen Unternehmen ist es heute üblich, bei Besprechungen und Konferenzen große Stellwände (Pinnwände) aufzustellen, die dann im Laufe der Sitzung mit allerlei bunten Karten bestückt werden. Diese Visualisierungsform – auch bekannt als Moderationsmethode – gilt als effizientes Mittel, um Sitzungsverläufe, Seminare oder Workshops zu strukturieren.

Moderationskarten gibt es nicht nur in verschiedenen Farben, sondern auch in diversen Formen – von rund, oval bis rechteckig und rautenförmig. Darüber hinaus enthält ein Moderationskoffer Klebepunkte, Sprechblasen, Papierwolken und vieles mehr. Wenn beispielsweise ein Team ein Brainstorming mit der Kartenmethode durchführt, dann hält die Moderation die Ideen auf Karten fest. In der Ideenbewertungsphase werden entweder die Ideen nach Prioritäten an der Pinnwand angeordnet oder die Beteiligten erhalten

Klebepunkte, die sie ihren Lieblingseinfällen zuordnen können. Dieses Vorgehen bringt nicht nur Farbe ins Spiel, sondern auch Abwechslung. Und dies ist bei längeren Meetings besonders wichtig, um Ermüdungserscheinungen vorzubeugen. Damit allerdings Besprechungen nicht im Farbenrausch ersticken, ist Erfahrung im Umgang mit dem Moderationskoffer unumgänglich.

Vor- und Nachteile von Moderationskarten

Vorteile	Nachteile
• interaktives Medium, ist einsetzbar in Groß- und Kleingruppen; • buntes Karten- und Formenmix bietet gute Strukturierungshilfen bei Diskussionen aller Art.	• Schulung/Training ist notwendig, um das Moderationsset effizient einsetzen zu können; • Vielfalt von Formen und Farben kann verwirren; • teures Equipment.

Fit for the Future: multimedial präsentieren

Die Zukunft hat bereits begonnen – zumindest, wenn man Trendforschern Glauben schenkt. Folgende Szenarien stehen dabei im Blickpunkt: Herr Schuster trifft sich mit seinen Kolleginnen und Kollegen in einem *Thinking Room*. Ein intelligenter Zentralrechner erkennt die Identität der Anwesenden und stellt die wichtigsten Daten der letzten Sitzung bereit. Die Wände des Thinking Rooms bestehen teilweise aus riesigen Display-Flächen, die interaktives und kreatives Arbeiten ermöglichen. Alle Niederschriften auf den Display-Flächen werden auf die Rechner sämtlicher Anwesenden übertragen – Papier ist überflüssig. Die PCs oder Laptops der Mitarbeiterinnen und Mitarbeiter stehen nicht mehr in festen Büroräumen. Aussagen wie »Das ist das Büro von Frau Müller« werden der Vergangenheit angehören. Büroräume sind nicht mehr fest zugeteilt. Jeder Mitarbeiter besitzt einen rollenden Container, der Laptop und persönliche Unterlagen enthält. Ein Sender im Handy verrät den aktuellen Standort dieser Schreibtischnomaden.

Noch ist dieses Szenario für viele Unternehmen keine Realität. Aber dennoch gehören flexible Bürolandschaften, Videokonferenzschaltungen, Beamer und großflächige Leinwände zunehmend zum Medienstandard heutiger Unternehmen. In den letzten Jahren hat Präsentations-Software in zahlreichen Meetings Einzug gehalten. Text-, Zahlen- und Bildinformationen werden via Notebook direkt auf eine Leinwand oder einen Großbildschirm projiziert. Farbige Sätze sind im Blickfeld zu sehen, animierte Bildfolgen entstehen, Ton- und Videoelemente fügen sich auf Wunsch nahtlos ein.

Für viele junge Führungskräfte, die zur Generation der *Internet-Kids* gehören, sind PowerPoint-Präsentationen tägliches Handwerk, wie auch einige Interviewpartner bekräftigen. Wie mit herkömmlichen Präsentationsformen erlebt man jedoch auch bei Computerpräsentationen häufig mehr Frust als Lust. Auch wenn die Technik fast alles zulässt, so sind doch dem eigenen Animationsdrang deutlich Grenzen zu setzen. Denn die Verlockung ist groß, alle technischen Spielereien in einer Präsentation einzusetzen. Aber die meisten Zuhörer und Zuhörerinnen sind damit überfordert. In einer Besprechung geht es nicht darum, alles zu zeigen, was in technischen Produkten steckt, sondern zu einem konkreten Ergebnis innerhalb einer bestimmten Zeit zu kommen. Deshalb gilt auch hier: Weniger ist mehr!

Achten Sie auch bei *Computerpräsentationen* auf Ihr Publikum. Nehmen Sie sich die folgenden Punkte zu Herzen:

- Achten Sie auf Redepausen. Die Schnelligkeit der Animationen führt bei vielen Vortragenden dazu, auch schnell zu sprechen.
- Animationen können langweilen und ermüden. Vermeiden Sie die Reihung vieler gleichartiger Folien (Textfolien, bei denen sechs bis acht Zeilen stets von rechts ins Bild gleiten).
- Kündigen Sie hin und wieder den Wechsel einer Darstellung an. Verknüpfen Sie Ihre Ankündigung mit einem spannenden Hin-

weis, zum Beispiel: »Was ich Ihnen jetzt zeigen werde, ist nicht selbstverständlich.«

- Wichtig sind auch interaktive Phasen. Überlegen Sie während Ihrer Vorbereitung: Wann kann ich welche Frage stellen? Wie kann ich mein Publikum zum Mitreden animieren?
- Bereiten Sie Leerfolien vor (schwarz/dunkelblau/dunkelgrün), die Sie in interaktiven Phasen einsetzen können. Achten Sie darauf, dass diese Leerfolien unter einer bestimmten Foliennummer gespeichert und abrufbar sind.

Meetings analysieren

Interne Sitzungen laufen häufig nach bestimmten Ritualen ab, die selten von den Beteiligten hinterfragt werden. Wer als Führungskraft neue Ideen umsetzen möchte, tut gut daran, sich zunächst die Form und den Ablauf bisheriger Sitzungen genau anzusehen. Was läuft gut? Was läuft weniger gut? Worin könnten Verbesserungen bestehen? Nichts muss so bleiben, wie es ist, allerdings muss auch nicht über Nacht alles verändert werden, nur weil ein Führungswechsel stattgefunden hat.

Gerade für frisch beförderte Führungskräfte ist die *Analyse von Sitzungsverläufen* besonders wichtig. Hier geht es um das Kommunikationsverhalten, um soziale und fachliche Kompetenzen, um Empathie und Durchsetzungsfähigkeit. Nicht umsonst sehen viele Experten Meetings als wichtige Instrumente der firmeninternen Rekrutierung von Führungskräften. Aber auch erfahrene Führungskräfte sollten die Effizienz von Besprechungen verstärkt unter die Lupe nehmen. Vielleicht sind sie unzufrieden, wollen die typischen Sitzungsrituale durchbrechen und suchen nach neuen Formen des Miteinanders? Vielleicht stellen sie auch fest, dass die Sitzungen bisher langweilig und ineffizient waren? Oder sie wollen stärker als bisher Medien als Visualisierungshilfe nutzen?

Um positive Veränderungen herbeizuführen, können Sie als Führungskraft verschiedene Schritte unternehmen:

- Laden Sie einen Coach als neutralen Beobachter ein, der Ihnen im Anschluss an die Sitzung Feedback gibt.
- Lassen Sie von den Sitzungsteilnehmern Verbesserungsvorschläge unterbreiten.
- Bewerten Sie selbst Ihre Sitzungen nach bestimmten Kriterien, indem Sie eine Checkliste zusammenstellen.

Die nachfolgende Checkliste könnte dazu eine Grundlage bilden, die Sie noch für Ihre spezifische Situation vervollständigen sollten.

Checkliste

Analyse und Bewertung von Besprechungen

- Was gefällt mir insgesamt am Sitzungsverlauf gut, was weniger gut?
- Wie kann die Einstiegsphase sinnvoll gestaltet werden?
- Wie können möglichst alle Anwesenden aktiv in die Diskussion eingebunden werden?
- Wie und mit welchen Medien kann der Ablauf der Sitzung visualisiert werden?
- Wie kann ich meine eigene Moderationskompetenz nachhaltig verbessern?
- Wie kann der Abschluss einer Sitzung gestaltet werden?

Zum Abschluss dieses Kapitels finden Sie die wichtigsten Aspekte bezüglich der Moderation von Besprechungen zusammengefasst. Wenn Sie diese Punkte berücksichtigen, werden Sie der Führungsaufgabe Moderation gerecht. Und auch in puncto Sitzungsleitung und Moderation gilt: Übung und Erfahrung machen hier den Meister.

Tipp

- Wenn Sie Sitzungen moderieren, ist es wichtig, dass Sie über drei Dinge wachen: Theme, Team, Time.

- Moderieren will gelernt sein. Führen Sie öfter in Ihrem Team einen Moderationswechsel durch, damit sich alle mit dieser schwierigen Aufgabe vertraut machen können.
- Wer moderiert, muss nicht zwangsläufig den Diskussionsverlauf visualisieren. Auch eine *Arbeitsteilung zwischen Moderation und Präsentation* ist möglich. Allerdings sollte sich ein guter Moderator mit Visualisierungstechniken auskennen, um sie bei Bedarf einsetzen zu können. Hier empfiehlt sich eine gezielte Weiterbildung.
- In Meetings können Sie sowohl Ihre Führungsqualitäten als auch Ihre Teamkompetenzen unter Beweis stellen. Darüber hinaus sind Sitzungen ein gutes Übungsfeld zum Argumentieren und Verhandeln. Betrachten Sie Meetings als eine öffentliche Bühne für Ihre Fragen und Vorschläge sowie als Forum konstruktiver Kritik.
- Wer als Führungskraft Sitzungsabläufe nachhaltig verbessern möchte, sollte selbstkritische Fragen stellen und mit seinen Mitarbeiterinnen und Mitarbeitern Checklisten für interne Sitzungen erstellen.

5.

Führen, kommunizieren, moderieren, präsentieren – Fragen und Antworten

In meiner Arbeit als Trainerin und Coach werden von Führungskräften beziehungsweise von Mitarbeiterinnen und Mitarbeitern häufig Anregungen und Feedback zum persönlichen Verhalten gewünscht. Dieses Kapitel versucht daher, auf einige typische Fragen prägnante Antworten zu geben. Als Orientierungshilfe sind die Frage-Antwort-Komplexe in vier Bereiche unterteilt:

- Führung,
- Kommunikation,
- Moderation,
- Präsentation.

Ich wünsche allen Leserinnen und Lesern bei der Umsetzung dieser Tipps Mut, Durchhaltevermögen und Erfolg!

Führung

Wie schaffe ich es, aus einer Gruppe ein Team zu machen?
Indem Sie offen mit Ihren Mitarbeiterinnen und Mitarbeitern über die unterschiedlichen Auffassungen von Teamarbeit diskutieren. Gehen Sie gemeinsam in Klausur, vielleicht sogar mit neutralen Moderatoren oder Beratern. Schaffen Sie sich ein Meinungs- und Zustandsbild von Ihrem Team. Sie haben keine Zeit für solche aufwändigen Gespräche, da das Tagesgeschäft alle Energien frisst? Die Antwort steckt in folgender Geschichte: Ein Mann sägte Holz für seinen Ka-

min. Die Säge war stumpf, aber unseren Mann störte es nicht weiter. Er sägte und sägte, schwitzte, stöhnte und fluchte. Ein Bekannter, der vorbeikam, staunte und sagte: »Warum wechselst du nicht das Sägeblatt aus? Dann wirst du sicher schneller fertig und musst dich nicht so abmühen.« »Ich habe keine Zeit dazu«, meinte der Mann.

Wie werde ich als Führungskraft akzeptiert?

Indem Sie regelmäßig Ihren Führungsstil überprüfen. Seien Sie dabei ehrlich und selbstkritisch: Können Mitarbeiterinnen und Mitarbeiter Sie auf Fehler hinweisen? Sind Sie offen für Vorschläge? Wie führen Sie Mitarbeitergespräche? Machen Sie sich dabei bewusst, dass Ihr eigenes Verhalten wie ein Spiegel wirkt. Wer sich öfter Feedback von Mitarbeiterinnen und Mitarbeitern, Kollegen oder neutralen Personen einholt, wird rasch merken, wie akzeptiert er als Vorgesetzter ist.

Wie kann ich Menschen führen, die ich nicht sonderlich mag?

Wir können uns leider die Menschen nicht so verzaubern, wie wir sie uns wünschen. Jedoch können wir auf der Sachebene versuchen, mit ihnen punktuell zusammenzuarbeiten. Auf der Beziehungsebene sollte man probieren, Konflikte anzusprechen, sie zu lösen oder zumindest zu minimieren. Lieben müssen wir diese uns unangenehmen Zeitgenossen deshalb noch lange nicht. Doch wir können ausloten, welche Form der Zusammenarbeit trotz allem möglich ist. Gerade im Umgang mit schwierigen Persönlichkeiten zeigen Führungskräfte ihre Kommunikationskompetenz.

Wie finde ich den richtigen Coach oder richtigen Mentor?

Erfolgreiche Coachs sind nicht unbedingt im Branchenbuch zu finden. Professionelle Berater machen selten durch auffällige Werbung auf sich aufmerksam. Sie sind eher als Redner auf Fachtagungen oder als Autoren von Fachartikeln zu finden. Wer also für sich einen geeigneten männlichen oder weiblichen Coach sucht, benötigt Zeit und Geduld, um die verschiedenen Angebote und Empfehlungen überprüfen zu können. Außerdem sollte man in sich gehen und sich fragen, ob man für ein Coaching beziehungsweise ein Mentoring *wirklich* bereit ist. Denn dies erfordert auch eine aktive Mitarbeit der gecoachten Person.

Wie soll ich mich verhalten, wenn ich Vorgesetzter von ehemaligen Kollegen werde?

Stellen Sie sich vor: Quasi über Nacht sind Sie Chef/Chefin geworden. Haben Sie vorher noch mit den Kollegen in der Kantine locker zusammengesessen und gescherzt, stehen nun beispielsweise wichtige Geschäftsessen mit ausländischen Gästen auf der Tagesordnung. Der ehemalige Kollegenkreis ist skeptisch, vielleicht schlägt Ihnen auch Neid, Anbiederung oder krasse Ablehnung entgegen. Was immer Ihnen widerfährt, machen Sie sich bewusst: Sie haben jetzt zwar eine andere Rolle im Unternehmen, aber Sie sind kein anderer Mensch geworden. Jede Rolle muss erst mal akzeptiert werden – sowohl von Ihnen selbst als auch von den alten wie neuen Kollegenkreis. Verzichten Sie auf vollmundige Versprechungen, und konzentrieren Sie sich stattdessen auf die neuen Sachaufgaben. Wenn Skepsis und Widerstand auftreten, dann sollten Sie dies offen ansprechen – sowohl im Team als auch in Einzelgesprächen.

Wie kann ich meine Mitarbeiterinnen und Mitarbeiter motivieren?

Prämien, Boni, leistungsvariable Einkommen: Vieles, was Unternehmen zur Mitarbeitermotivation einsetzen, ist laut Unternehmensberater Reinhard Sprenger kontraproduktiv. Zwar seien damit kurzfristige Motivationsschübe möglich, doch keine Begeisterungsfähigkeit auf Dauer. Sprenger hält dem entgegen, dass Motivation entsteht, wenn Arbeit gestalterisch, produktiv, interaktiv oder im Dienst der Gemeinschaft steht. Dies ist durchaus möglich, doch ist es nicht generell utopisch, Tag für Tag ein hohes Maß an Motivation von sich selbst und anderen zu erwarten? Menschen funktionieren nicht reibungslos; sie haben Launen, Schwächen und unterschiedliche Leistungsmöglichkeiten. Führungskräfte sollten sich bewusst darüber sein, dass alle Motivationsmittel stets nur *bedingt* wirken, es dennoch ihre Aufgabe ist, Motivationsschübe freizusetzen. Dabei sind Kreativität und Kommunikationsbereitschaft gefragt. Ein Blümchen auf dem Schreibtisch, ein verbales Lob, ein anerkennendes Schulterklopfen oder auch offene Fragestellungen an Mitarbeiter, etwa *Was motiviert dich eigentlich?*, können kleine Wunder bewirken und positive Verblüffungen hervorrufen.

Wie kann ich mich selbst im Arbeitsalltag bei Laune halten?

Das Setzen konkreter Ziele – unterteilt in kleinere, überschaubare Schritte – ist auch für Führungskräfte eine Methode der Selbstmotivation. Der Wunsch und der Ehrgeiz, gute Ergebnisse zu erreichen, wird natürlich dadurch erleichtert, wenn man sieht, dass die Arbeit sinnvoll ist und sich der Einsatz auszahlt. »Letztendlich zählen für mich als Führungskraft dieselben Motivationsinstrumente, die auch für meine Mitarbeiterinnen und Mitarbeiter gelten«, argumentiert ein Jungmanager. Auch Humor ist ein gutes Mittel, um schwierige, frustrierende Arbeitstage besser zu überstehen (Motto: *Humor ist, wenn man trotzdem lacht*). Manche Führungskräfte betonen in Interviews auch, dass sie sich selbst belohnen, wenn sie schwierige Situationen oder Aufgaben gemeistert haben. »Ich gehe dann mit meiner Frau schön essen«, meinte ein Interviewpartner. Auch nicht zu verachten, doch etwas zeitaufwändiger, ist der längst überfällige Urlaub oder eine gewisse Auszeit, um die eigenen Kraftreserven wieder zu mobilisieren.

Wie kann ich als junge Führungskraft Karriere und Privatleben vereinbaren?

Partnerschaften leben von der Diskussion, den Wünschen und Vorstellungen zweier Menschen. Daher ist es für männliche wie weibliche Führungskräfte wichtig, Karriereziele auch in der Partnerschaft offen zu besprechen. Meistens zeigen Partner Verständnis, wenn klar ist, worum es geht und wie lange man sich auf Überstunden oder gar Urlaubsverzicht einstellen muss. Dass Arbeit und Karriere nicht alles im Leben sind – zu dieser Erkenntnis kommt mancher erst nach einer gewissen Lebens- und Berufserfahrung. Fest steht: Ein glückliches und zufriedenes Privatleben gibt jedem Menschen Kraft und Hilfe. Finden Sie daher eine Balance zwischen Beruf und Privatleben, indem Sie dieses Thema immer wieder mit den Betroffenen diskutieren, reflektieren oder sich auch externen Rat suchen.

Was kann ich tun, wenn ich mich einer Führungsposition nicht gewachsen fühle?

Führungskräfte sollten stets über ihr Denken und Handeln reflektieren. Selbstreflexion umfasst das tiefe, prüfende Nachdenken über das eigene Verhalten. Das bedeutet auch, ehrlich mit sich selbst zu sein. Wer sich Schwächen eingesteht, steht lediglich zu den eigenen Grenzen, die eine Situation ihm aufweist. Und dies ist durchaus als Stärke zu interpretieren, denn Offenheit sich selbst gegenüber kostet viel Mut und Kraft. Wenn man sich wirklich einer bestimmten Aufgabe nicht gewachsen fühlt, dann sollte man keinen aussichtslosen Kampf gegen Windmühlen führen. Konzentrieren Sie sich lieber auf neue Aufgaben und neue Berufswege, die Ihren augenblicklichen Stärken eher entsprechen. Neue Wege bieten stets auch neue Chancen, und wer weiß: Vielleicht befinden Sie sich in wenigen Monaten oder Jahren in einer Führungsposition, die Ihnen dann tatsächlich entspricht.

Wie verhalte ich mich gegenüber schwierigen Mitarbeiterinnen und Mitarbeitern?

Schwierigen Zeitgenossen kann man auf Dauer nicht aus dem Weg gehen. Schwätzer, Nörgler und Besserwisser gibt es überall. Gerade Führungskräfte müssen sich mit diesen Personen auseinander setzen und dabei ihre Kommunikationskompetenz beweisen. Neben Erfahrung und Übung benötigt man dazu ein Repertoire verschiedener Verhaltensweisen, etwa: konstruktive Kritik, Fragetechniken, geschickte Argumentation und vieles mehr (siehe dazu Kapitel 3). Es kann nicht oft genug betont werden, dass es eine *zentrale Aufgabe* von Führungskräften ist, auch unangenehme Gespräche mit Mitarbeiterinnen und Mitarbeitern zu führen. Eine gezielte Vorbereitung, Ruhe und Sachlichkeit sind dabei wichtige Bestandteile.

Sollte ich mich als Führungskraft an Vorbildern orientieren?

Dies ist eine individuelle Entscheidung, die nicht mit einem klaren Ja oder Nein beantwortet werden kann. Auch die Kommentare der Interviewpartner fielen entsprechend unterschiedlich aus. Während manche angaben, sich an keinem Vorbild zu orientieren, so machten andere deutlich, dass durchaus der eigene Vater oder Exvorgesetzte als Vorbild dienen können. Auch die eigene Führungsrolle wurde mit einer gewissen Vorbildfunktion verknüpft. So argumentierte etwa Sybille Fleischmann: »Ja, ich möchte in bestimmten Sachen Vorbild sein. Wenn ich beispielsweise Fehler mache, dann möchte ich dafür auch geradestehen. Oder ich zeige, dass ich zuhören und die Ideen anderer zulassen kann. Ja, in diesen Punkten möchte ich gerne vorbildlich sein.«

Die ersten 100 Tage in der neuen Führungsposition. Was sollte beachtet werden?

Sicherlich werden Sie in das eine oder andere Fettnäpfchen treten. Ich wünsche es Ihnen sogar. Denn wer ängstlich darauf bedacht ist, Fehler zu vermeiden, neigt dazu, Schwächen erst gar nicht zuzulassen. Hoffen Sie nicht auf eine Schonfrist, schielen Sie aber auch nicht ängstlich nach vermeintlichen Fallen. Suchen Sie das Gespräch mit Kollegen, Kunden, Mitarbeiterinnen und Mitarbeitern. Fragen Sie nach bisherigen Prozessabläufen, registrieren Sie Wünsche und Einschätzungen, bilden Sie sich eine eigene Meinung. Gerade in Meetings, an denen Sie sicherlich oft teilnehmen werden, sind offene Ohren und Augen gefragt. Versuchen Sie, die Menschentypen zu erfassen (Wer bringt sich wie und wann ein?), mit denen Sie zusammenarbeiten, um deren Potenziale richtig einschätzen zu können.

Welche Anfangsfehler sollte ich auf alle Fälle vermeiden?

Im ersten Führungsjob möchte man voller Tatendrang beweisen, dass man die richtige Person am richtigen Ort ist – das ist verständlich. Doch so schwer es fällt: Schrauben Sie Ihr Tempo etwas herunter. Halten Sie stattdessen Augen und Ohren offen. Führen Sie viele Gespräche. Versuchen Sie, die Strukturen des Unternehmens zu erfassen. Kluge Vorschläge können Sie immer noch nach einigen Wochen oder Monaten machen. Seien Sie sich bewusst, dass Sie die vorgegebenen Strukturen weder über Nacht ändern müssen noch dies können. Lassen Sie sich und anderen Zeit für eine Eingewöhnungsphase.

Wie sollte ich als Führungskraft mit meinen Vorgesetzten umgehen?

Junge Führungskräfte haben – vorausgesetzt sie sind nicht selbst Unternehmer – Vorgesetzte, die in der Hierarchiestufe höher stehen. Meist sind es ältere Fachkollegen, die bereits viele Jahre im Unternehmen arbeiten. Eine kooperative Zusammenarbeit mit Ihrem unmittelbaren Vorgesetzten wird nicht nur Ihrer Karriere förderlich sein, sondern Sie auch menschlich und fachlich weiterentwickeln. Vielleicht werden Sie Tipps hören wie: *Mach es deinem Chef recht und du kannst ihn beeinflussen, wie du magst* – möglich, dass dies auch funktioniert. Geschickt ist es jedoch auch, die Unterschiedlichkeit der Persönlichkeiten als Chance und sinnvolle Ergänzung zu sehen. Der eher ruhig agierende Seniorchef kann einen rhetorisch versierten, aber dennoch gut zuhörenden Jungmanager neben sich verkraften. Gemeinsam kann das ungleiche Paar unschlagbar sein, denn Gegensätze können durchaus der beiderseitigen Bereicherung dienen.

Wie kann ich delegieren lernen?

Selbst erfahrene Führungskräfte sehen im Delegieren häufig einen Schwachpunkt ihres Arbeitsalltags. Die Kunst, andere anzuleiten, indem man ihnen Arbeit abgibt, fällt vor allem jungen Managerinnen und Managern schwer. Wenn man neu in einer Führungsposition oder im Unternehmen ist, liegt es nahe, sich und anderen beweisen zu wollen, dass man die Erwartungen erfüllt. Die Folge: Ein voller Terminkalender; bis zu 14 Stunden Arbeit pro Tag sind die Regel. Statt sich jedoch ins kreative Chaos zu stürzen, ist von Beginn an effizientes Selbstmanagement gefragt. Denn in Ihrem Führungsstil werden Sie *auch* daran gemessen, wie viel Freiraum Sie sich für Ihre eigentlichen Führungsaufgaben verschaffen können. Es lohnt sich deshalb, genau zu überlegen, welche Tätigkeiten Sie selbst erledigen *müssen* und welche Aufgaben Sie delegieren *können*; wobei es auch wichtig ist, nicht nur langweilige Routinearbeiten zu delegieren, wie mein Interviewpartner Dr. Bernd Plagemann anmerkt. Planen Sie Ihre Arbeitszeit mit To-do-Listen (wozu im Übrigen auch störungsfreie Zeiten gehören), bündeln Sie gleichartige Aufgaben, und delegieren Sie von Beginn an konsequent.

Gibt es einen beruflichen Erfolgsplan – unabhängig vom Alter?

Nein. Für den Erfolg und die Zufriedenheit im Arbeitsleben gibt es keine Patentrezepte. Zu verschieden sind persönliche Interessen, Branchen und Qualifikationen. Erfolgreiche Strategien ändern sich auch mit zunehmender Lebenserfahrung. Eine 50-jährige Führungskraft wird bei vielen beruflichen Entscheidungen souveräner agieren als eine Anfang 30-jährige in ihrem ersten Führungsjob.

Dennoch gibt es drei grundsätzliche Fragen, die in jedem Alter eine wichtige Hilfestellung bieten:

- Wie bin ich?
- Wie wirke ich?
- Was will ich?

Selbsterkenntnis ist die Basis aller richtigen Berufsentscheidungen. Wer über das eigene Leben reflektiert, seine Stärken und Schwächen kennt, sich im Umgang mit anderen beobachtet und die eigenen Karrierewünsche kritisch überprüft, hat gute Erfolgschancen.

Welche Anregungen für junge Führungskräfte geben die Interviewpartner an die Leser weiter?
Im Rahmen dieses Buchprojekts wurden junge Führungskräfte aus unterschiedlichen Branchen interviewt. Hier sind die wichtigsten *goldenen Tipps*, die in den Befragungen oft mehrfach genannt wurden:

- Sei offen für Impulse von außen.
- Lerne immer dazu. Lerne auch von älteren Führungskräften, vor allem von deren Schwächen und deren Stärken.
- Kopiere nicht den Führungsstil anderer; nimm Anregungen an, aber finde deinen eigenen Stil.
- Baue dir ein Netzwerk an Kontakten auf.
- Lese Fachbücher über Führungswissen; vergiss aber nicht, dass man Menschenkenntnis nur dann bekommt, wenn man häufig mit Menschen zu tun hat und sich mit ihnen auseinander setzt.
- Setze die richtigen Leute auf die richtigen Positionen.
- Begeistere dich für Ideen und verfolge sie konsequent.
- Teile deine Kraft gut ein und powere dich nicht so aus, dass du mit Mitte oder Ende dreißig schon unter dem Burn-Out-Syndrom leidest.
- Bleibe finanziell auf dem Boden – vor allem beim Start in die Selbstständigkeit.
- Nimm dich selbst nicht so wahnsinnig wichtig.
- Vergiss nicht, mit deinen Mitarbeiterinnen und Mitarbeitern sehr viel zu sprechen – gerade in der Anfangsphase einer neuen Führungsposition.

- Achte auf eine Balance zwischen Beruf und Privatleben.
- Führe rechtzeitig Strukturen ein, an denen du dich orientieren kannst (Teamsitzungen, Mitarbeitergespräche).
- Delegiere, aber nicht nur langweilige Routinearbeiten.
- Mach dir klar: Du musst nicht (immer) der bessere Fachmann sein.

Kommunikation

Wie kann ich andere Menschen im Gespräch überzeugen?

Zunächst sollte man selbst überzeugt sein von dem, was man sagt. Denn wie kann man einen Standpunkt vertreten, den man selbst nicht kennt? Die Argumente sollten für unsere Gesprächspartner logisch aufgebaut und nachvollziehbar sein, und man sollte darüber hinaus die Techniken der Gesprächsführung beherrschen (Fragen stellen, zuhören, Meinungen zusammenfassen, konstruktiv kritisieren). Doch Überzeugungskraft hängt nie ausschließlich von Tatsachen und deren Begründung ab. Viele Entscheidungen werden gefühlsmäßig getroffen, das heißt, der Bauch *und* das Herz müssen überzeugt werden. Unser Gesprächspartner ist dann am besten für unsere Ideen einzunehmen, wenn er den Eindruck gewinnt, dass wir insgesamt authentisch sind.

Wie kann ich mich gut verkaufen?

Sich selbst gut zu verkaufen bedeutet, sich seiner Stärken bewusst zu sein. Eine gelungene Selbst-PR ist in erster Linie die kritische Auseinandersetzung mit der eigenen Persönlichkeit. Schielen Sie daher weniger auf Ihre Schwächen, vertrauen Sie stattdessen auf Fähigkeiten, die Sie besonders gut beherrschen, und bringen Sie diese selbstbewusst zur Geltung. Wenn Sie beispielsweise öfter von Kollegen und Kolleginnen darauf hingewiesen werden, dass Sie in schwierigen Verhandlungen einen ruhigen und kühlen Kopf bewahren, dann sollten Sie sich nicht nur über dieses Lob freuen, sondern auch bei Vorstellungsgesprächen (oder bei Beförderungen) auf diese positive Eigenschaft verweisen.

Wie kann ich unangenehme Gespräche führen?

Sicherlich nicht dadurch, dass Sie schweigen und hoffen, man möge spüren, was mit Ihnen los ist. Bereiten Sie sich auf schwierige Gespräche gut vor (siehe dazu Kapitel 3). Versuchen Sie, das unangenehme Gespräch vor Ihrem geistigen Auge durchzuspielen, vielleicht sogar einen Probelauf in Form eines Rollenspiels durchzuführen. Machen Sie sich auf alle Fälle Notizen über die wichtigsten Punkte, die Sie ansprechen müssen. Diese Aufzeichnungen sollten Sie auch im Gespräch parat haben. Sie geben Sicherheit, falls Sie Wesentliches vergessen sollten, und zeigen gleichzeitig Ihre Souveränität im Umgang mit dem Gesprächspartner.

Wie kann ich auf verbale Schläge unterhalb der Gürtellinie reagieren?

Sie als Führungskraft sind mitverantwortlich dafür, ob eine Gesprächssituation eskaliert oder sachlich und ruhig verläuft. In extremen Fällen kann es vorkommen, dass Kollegen, Mitarbeiter, Kunden oder Vorgesetzte Sie verbal attackieren. Zurückschreien ist zwar naheliegend und verständlich, bringt Sie jedoch selbst in ein gefährliches Fahrwasser. Der beste Weg ist immer noch, sich zu bemühen, souverän zu bleiben und nicht mit vergleichbaren Mitteln zurückzuschlagen. Sie können beispielsweise den Schreihals austoben lassen und ruhig anmerken: »Wenn Sie sich abreagiert haben, können wir hoffentlich sachlich unsere Argumente austauschen.« Sie können aber auch den Gesprächspartner einfach stehen lassen und wortlos aus dem Raum gehen. Auch dies zeigt Wirkung.

Wie bekomme ich ein selbstsicheres Auftreten?

Indem Sie sich öfter Feedback von anderen einholen: Wie wirke ich auf euch? Es ist eine Tatsache, dass jeder Mensch ein bestimmtes Selbstbild hat, das sich jedoch in vielen Bereichen von dem Blickwinkel anderer unterscheiden kann (siehe Kapitel 2 JOHARI-*Fenster*). Selbstsicheres Auftreten fällt leichter, wenn man einerseits weiß, wie man auf andere wirkt, und sich andererseits im Klaren darüber ist, wie man auf andere Menschen wirken möchte. Dazu ist jedoch eine kritische Auseinandersetzung mit der eigenen Persönlichkeit notwendig. Es ist letztendlich ein lebenslanger, spannender Lernprozess.

Wie kann ich Lampenfieber erfolgreich bekämpfen?

Indem Sie sich nach und nach immer schwierigeren Situationen aussetzen, die Ihnen Angst bereiten. Sie können sich beispielsweise vornehmen, auf einem wichtigen Meeting Ihre Gegenposition zu einem Projektvorhaben präzise zu begründen. Oder Sie halten auf einer Konferenz einen Vortrag über ein schwieriges Thema. Die Angst vor der Angst wird kleiner, wenn wir uns zunächst kleine Ziele setzen, die wir in einem zweiten Schritt allmählich steigern.

Wie kann ich meine Körpersprache besser kontrollieren?

Eine Kontrolle körpersprachlicher Signale ist schwer möglich, da Körpersprache komplex ist und vielfach unbewusst abläuft (siehe Kapitel 3). Wir können jedoch im Alltag öfter innehalten, gedanklich einen kleinen Körper-Check durchführen: Wie stehe/sitze ich im Moment? Wie ist meine Kopfhaltung? Wie ist mein Blickkontakt? Auch die aufmerksame Beobachtung anderer Menschen hilft, das Phänomen Körpersprache insgesamt besser zu verstehen und daraus Rückschlüsse auf das eigene Verhalten zu ziehen.

Was kann ich tun, wenn mein Gesprächspartner lange Monologe hält?

In einem solchen Fall gibt es mehrere Möglichkeiten, die Sie ausprobieren können: Sie sollten zunächst den Vielredner auf sein Verhalten aufmerksam machen und ihn bitten, sich kürzer zu fassen. Oder Sie können – mit Blick auf die Uhr – höflich darauf hinweisen, dass Sie aufgrund der knappen Zeit um eine kurze Antwort bitten. Als dritte Variante bietet sich die Vereinbarung klarer Diskussionsregeln an. Beispiel: Jede Person hat drei Minuten Zeit, ihre Position darzulegen. Wenn dies alles nichts nützt, hilft im Notfall nur Folgendes: Unterbrechen Sie die Monologe Ihres Gegenübers. Weisen Sie ihn auf diese Unhöflichkeit unmissverständlich hin.

Was kann ich tun, wenn meine Gesprächspartner meine Fragen weitgehend ignorieren oder unzureichend beantworten?

Es gibt immer wieder Gesprächssituationen, in denen Kollegen, Mitarbeiter oder Kunden um den heißen Brei herumreden und nicht bereit sind, Rede und Antwort zu stehen. Wiederholen Sie in solchen Fällen Ihre Fragen freundlich, aber bestimmt. Machen Sie darauf aufmerksam, dass diese und jene Frage noch offen ist. Haken Sie auch konkret nach, warum manche Fragen nicht beantwortet werden. Dies erfordert zweifellos Mut und Geschick, doch ohne eine gewisse Hartnäckigkeit kommt man hier nicht weiter.

Was kann ich tun, wenn mir Worte herausrutschen, die ich bereue und die mir leidtun?

Es klingt einfach, fällt aber vielen Menschen schwer: Entschuldigen Sie sich. Denken Sie darüber nach, wie Sie Ihre Entschuldigung so formulieren können, dass sie bei der betroffenen Person ankommt. Eine Entschuldigung ist vor allem dann wirksam, wenn sie in einem Gespräch unter vier Augen geäußert wird. Wenn ein direktes Gespräch nicht möglich ist, sollten Sie entweder einen Brief oder eine Mail zur Entschuldigung schreiben.

Reden Frauen anders als Männer?

Sozialwissenschaftliche Untersuchungen zeigten vor allem drei Unterschiede im Kommunikationsverhalten von Frauen und Männern: Frauen verwenden in Gesprächen häufiger einschränkende Formulierungen als Männer (Konjunktive oder Füllworte wie vielleicht, eventuell, könnte es nicht sein, dass...); Frauen reagieren auf atmosphärische Störungen in Gesprächen intensiver und drittens: Männer unterbrechen ihre Gesprächspartnerinnen öfter als umgekehrt. Die indirekte Sprache und das Verwenden vager Formulierungen wird aber zumeist als Zeichen von Unsicherheit und Inkompetenz bewertet. Worte wirken kraftvoller und erfolgversprechender, wenn Menschen im Gespräch klar ihre Position zum Ausdruck bringen können. Dieser Grundsatz gilt für Männer wie für Frauen.

Gibt es Fehler in Gesprächssituationen, die ich als Führungskraft auf alle Fälle vermeiden sollte?

Ja, die gibt es durchaus: Persönliche Beleidigungen und unbegründete Vorwürfe haben in einem Gespräch nichts zu suchen. Außerdem sollte eine Führungskraft nie um den heißen Brei herumreden, wenn es um kritische Punkte geht, die angesprochen und geklärt werden müssen.

Wie bringe ich meine Mitarbeiterinnen und Mitarbeiter dazu, ehrlich und offen zu kommunizieren?

Gespräche können ohne den Willen der Betroffenen nicht geführt werden. Kommunikation stößt immer dann an deutliche Grenzen, wenn Gesprächspartner partout nicht miteinander reden *wollen*, auch wenn sie es könnten. Wo jedoch ein Wille ist, ist auch ein Weg. Ist diese Grundlage gegeben, dann sollte Offenheit nicht nur propagiert, sondern auch gelebt werden. Das bedeutet: zuhören, Position beziehen und eigene Auffassungen überdenken, vielleicht auch korrigieren. Ehrliche Kommunikation setzt eine offene Geisteshaltung der Persönlichkeit voraus. Seien Sie ein Vorbild, an dem sich Ihre Mitarbeiterinnen und Mitarbeiter orientieren können.

Wann ist Spontaneität in Gesprächen angebracht?

In Gesprächen mit jungen Führungskräften wird deutlich, dass zwar viele von der Notwendigkeit einer Gesprächsvorbereitung überzeugt sind, sich aber gleichzeitig fragen, ob bei aller Planung nicht die Spontaneität auf der Strecke bleibt. Sie weisen darauf hin, dass ein wichtiges Gespräch häufig ganz anders als erwartet abläuft. Was also tun? In jeder Kommunikation ist es wichtig, flexibel zu sein. Und selbstverständlich gibt es auch viele Gesprächssituationen, in denen wir uns spontan äußern können und dürfen (beispielsweise in einer geschützten, privaten Atmosphäre). Wer jedoch wichtige *berufliche* Gespräche führt, sollte sich an dem Spruch orientieren: »Spontaneität muss gut überlegt sein.« Für wichtige berufliche Verhandlungen gilt daher die Formel: Flexibilität ja, Spontaneität nein!

Wie kann ich meine individuelle Rhetorik verbessern?

Niemand ist in der Lage, die eigene Sprache über Nacht völlig zu verändern. Rhetorische Vorbilder können zwar als Orientierung dienen, weil aber jeder Mensch ein Individuum ist, wirkt jemand dann am überzeugendsten, wenn er einen eigenen Sprachstil entwickelt. Das kann zum Beispiel dadurch geschehen, dass Sie Ihre Stimme auf Band aufnehmen. Hören Sie genau hin: Welche Worte verwenden Sie häufig? Sprechen Sie klar und deutlich? Bilden Sie eher kurze oder eher längere Sätze? Benutzen Sie Beispiele und Metaphern oder verwenden Sie häufiger Zahlen und Fakten? Auch der Besuch eines Rhetorikseminars oder das Lesen entsprechender Fachliteratur kann eine interessante, aufschlussreiche Erfahrung sein.

Warum sollte ich mich auf wichtige Gespräche gut vorbereiten?

Weil es um Ihren Erfolg geht! Eine gute Vorbereitung ist das A und O jeder gelungenen Kommunikation. Nur wer weiß, was er will, kann sein (Gesprächs)Ziel verfolgen. Wenn Sie sich klar sind über Ihren Standpunkt und Ihre Kompromissfähigkeit, können Sie zwar enttäuscht sein, wenn nicht alle Ihre Wünsche und Forderungen erfüllt werden. Doch Sie laufen kaum Gefahr, sich die Meinungen anderer unreflektiert überstülpen zu lassen oder jedem Manipulationsversuch zu unterliegen.

Kommunikationsregeln der Zukunft: Wie werden sie aussehen?

Niemand weiß genau, wie unsere Welt in zehn, 20 oder 30 Jahren aussehen wird. Vermutlich werden Kommunikationsprozesse dank fortschreitender Technik insgesamt noch schneller und direkter verlaufen als bisher. Die Grundregeln der Kommunikation: *Es ist nicht möglich, nicht zu kommunizieren* und *Jede Kommunikation hat Inhalts- und Beziehungsaspekte,* werden jedoch sicherlich auch weiterhin Bedeutung haben, denn sie sind unabhängig von Zeit und Kultur.

Was ist das Schwierigste an Kommunikation?

Das Schwierigste ist wohl, dass Kommunikation unsere gesamte Persönlichkeit umfasst, sie prägt und verändert. In Gesprächen geht es nie nur um verbale Äußerungen. Unsere Körpersprache unterstreicht unsere Worte, gibt ihnen Nachdruck oder stellt sogar das Gesagte infrage. Wer also besser reden lernen möchte, ansonsten jedoch die Meinung vertritt »Ich will so bleiben, wie ich bin«, wird scheitern. Denn Sprache modifiziert sich dann, wenn das eigene Bewusstsein wächst. Unser Denken und Verhalten ändert sich, wenn wir unsere Sprache variieren und revidieren. Wer also die eigene Kommunikation nachhaltig verändert, wird (langfristig) sein Verhalten korrigieren und damit seine Persönlichkeit verändern.

Wie kann ich ein Burn-Out vermeiden?

Gerade junge Führungskräfte neigen dazu, sich auszupowern und wenig auf ihre körperliche Befindlichkeit Rücksicht zu nehmen. Wer neben seiner Arbeit auch in seiner Freizeit höchste Fitnessleistungen erbringen will, bewegt sich unentwegt wie ein Hamster im Rad. Beugen Sie Berufs- und Freizeitstress vor. Nehmen Sie sich wenigstens einmal pro Woche eine kurze Auszeit vom Alltag, indem Sie lesen, schwimmen, spazieren gehen, Musik hören oder einfach nur schlafen. Achten Sie vor allem auf regelmäßige Bewegung und ausgewogene Ernährung.

Worauf begründet sich Authentizität?

Viele Menschen fragen sich, worin das Geheimnis einer stimmigen Persönlichkeit liegt. Authentische Personen wirken glaubhaft. Sie vermitteln Souveränität und scheinen dabei nach außen das zu verkörpern, was sie innerlich sind. Authentische Wirkung begründet sich also auf einer vorhandenen inneren Wirklichkeit. Das klingt sehr philosophisch und gleichzeitig doch sehr praxisnah. Mein persönlicher Tipp für junge Führungskräfte lautet deshalb: *Lass dich nicht verbiegen.*

Moderation

Was sollte ich als Führungskraft beachten, wenn ich Meetings moderiere?

Die wichtigsten Aufgaben einer Moderation sind die drei Wächterfunktionen Time (Zeit), Theme (Thema), Team (Gruppe). Wie jede Tätigkeit, so ist auch Moderation mit Training und individuellem Geschick verbunden. Seien Sie also nicht zu streng mit sich, wenn Ihre ersten Meetings noch etwas chaotisch und unstrukturiert verlaufen. Nur Übung macht den Meister. Reflektieren Sie Ihre Moderationskompetenz, indem Sie sich Feedback einholen (von Kollegen, Mitarbeitern oder externen Moderatoren und Coachs), Fachbücher dazu lesen und Weiterbildungsmaßnahmen besuchen.

Wie kann ich als Moderator oder Moderatorin Schwung in Teamsitzungen bringen?

Führungskräfte verbringen viel Zeit ihres Arbeitsalltags in Besprechungen. Nicht selten sind sie dabei als Moderatoren gefordert. Den meisten fehlt jedoch das nötige didaktische Rüstzeug, um langweilige Meetings lebendiger zu gestalten. Ergebnisorientierte Sitzungen sollen nicht nur die Teilnehmerinnen und Teilnehmer motivieren, sondern auch Abwechslung und (etwas) Spaß vermitteln. Um diesen Zustand zu erreichen, kann man beispielsweise gezielte Weiterbildungsmaßnahmen besuchen, um die *Kunst der Moderation* zu erlernen. Hilfreich ist es auch, erfahrenen Moderatoren über die Schulter zu schauen, und nicht zuletzt gilt: Probieren Sie die in Kapitel 4 vorgestellten Methoden einfach einmal aus. Konzentrieren Sie sich dabei zunächst auf wenige Dinge, die Sie in Ihren Meetings verändern wollen. Wählen Sie zur Abwechslung beispielsweise ein *Anfangsblitzlicht,* oder nutzen Sie während des Sitzungsverlaufs *Murmelrunden* oder bestimmte *Kreativtechniken.*

Wie kann ich in der Alltagsroutine meine Kreativität bewahren?

Zunächst ist es wichtig, das Thema Kreativität nicht aus den Augen zu verlieren. Führungskräfte sollten sich in Kreativtechniken schulen und trainieren lassen, damit diese Methoden als selbstverständliche Arbeitsmittel in Meetings aller Art einfließen können. Kreativmethoden bringen Pep und Abwechslung in die Teamarbeit, und Sie als Teamleader können dabei mit gutem Vorbild vorangehen. Wie der Begriff *Kommunikation* beinhaltet auch *Kreativität* mehr als Techniken und Methoden. Neue, kreative Wege können schon darin bestehen, dass Sie sich selbst immer wieder zwingen, altvertraute Blickwinkel zu ändern. Benutzen Sie beispielsweise einen anderen Weg zur Arbeit, diskutieren Sie mit Menschen, die in anderen Berufsfeldern tätig sind, oder pflegen Sie bewusst ein Hobby, das nichts mit Ihrer Arbeit zu tun hat. Auch verrückte Fragen können neue Blickwinkel eröffnen, zum Beispiel Was ist das Positive an diesem Problem? oder Wie würde ich die Aufgabe lösen, wenn ich statt Ingenieur ein Grafiker oder ein Musiker wäre?

Welche Kreativmethoden sind im Berufsleben besonders hilfreich?
Wissenschaftliche Untersuchungen zeigen, dass Kreativitätsmethoden in Deutschland ein Mauerblümchen-Dasein führen. Gerade in 25 Prozent aller mittelständischen Unternehmen werden selbst so bekannte Kreativtechniken wie Brainstorming nie oder nur selten angewandt. Ein weiteres Problem: Viele kreative Techniken werden theoretisch ungenau erläutert und entsprechend falsch eingesetzt. Kein Wunder, dass sie in der Versenkung verschwinden und ihr Potenzial leider kaum genutzt wird. Für kreative Teamsitzungen sind beispielsweise Brainwriting, Mind Mapping, Synektik oder das Sechs-Farben-Denken gute Hilfsmittel. Kreativen Solisten empfehle ich Bisoziation oder die Osborn-Methode. Als Buchtipp für Einsteiger eignet sich mein Fachbuch *Bewusst kreativ* (siehe Literaturhinweise).

Wie kann ein sinnvolles Audit für Meetings aussehen?
Zunächst gilt: Jede Sitzung ist anders, daher ist es durchaus sinnvoll, Meetings aus unterschiedlichen Blickwinkeln zu überprüfen. Letztendlich handelt es sich dabei um eine Art TÜV. Ihr Auto lassen Sie doch auch in regelmäßigen Abständen durchchecken – warum also nicht auch Meetings auf ihre Effizienz überprüfen lassen? Wie in Kapitel 4 erwähnt, sind hierbei verschiedene Schritte denkbar: Externe Trainer können als Berater agieren und Verbesserungsvorschläge für Sitzungsabläufe formulieren. Wichtige Anregungen können jedoch auch von den Betroffenen selbst kommen. Vergessen Sie daher als Führungskraft nie, auch die Ideen Ihrer Mitarbeiterinnen und Mitarbeiter einzufordern. Dabei geht es nicht nur um vermeintliche Schwachstellen, sondern auch um die Würdigung gelungener Bestandteile eines Meetings.

Präsentation

Was bedeutet erfolgreich präsentieren?
Präsentieren heißt, gegenwärtig zu sein. Im Präsens, im gegenwärtigen Kontakt mit anderen, stellen Sie sich und Ihre Inhalte vor. Wer authentisch – also glaubhaft – sein Publikum überzeugen

möchte, muss seine Rede klar strukturieren und dabei die wichtigsten Informationen visualisieren. Hier gilt: Weniger ist oft mehr. Überfrachten Sie deshalb Ihr Publikum nicht mit Details. Wenn Sie innerhalb von 15 bis 20 Minuten mit einem Medium (Flipchart, Moderationskarten oder Computerpräsentation) die wesentlichen Inhalte klar und anschaulich vermitteln, ist der erste Schritt zum Erfolg getan. Denn auch *nach* Ihrer offiziellen Präsentation haben Sie in der anschließenden Diskussion die Chance, mit Ihrem Wissen und Ihrer Ausstrahlung zu glänzen und so das Publikum für sich einzunehmen.

Welche Präsentationsmedien eignen sich für welchen Zweck?

Visualisierungsmittel wie Flipchart, Overheadprojektor, Moderationskarten oder PC-Softwareprogramme mit Beamer sind aus dem heutigen Arbeitsalltag nicht mehr wegzudenken. Führungskräfte bestätigen in Interviews, dass vermehrt Computerpäsentationen zum Einsatz kommen. Generell lässt sich sagen, dass jedes Medium Vor- und Nachteile aufweist, wie in Kapitel 4 gezeigt wurde. Die meisten der erwähnten Medien haben sich in größeren Meetingrunden bewährt, wohingegen Flipcharts sich eher für kleinere Gruppen eignen. Als Minivariante haben in den letzten Jahren so genannte Tisch-Flipcharts die Sitzungsräume erobert. Manche Führungskräfte schwören auch auf Hilfsmittel wie Tafel oder Whiteboards (helle Wandtafel, die mit speziellen Filzstiften beschriftet wird). Vieles ist sicherlich eine Frage der Gewohnheit und des persönlichen Geschmacks. Finden Sie heraus, welches Ihr Lieblingsmedium ist, und setzen Sie es gezielt ein.

Wieso sollte man überhaupt in Besprechungen Visualisierungsmittel einsetzen?

Untersuchungsergebnisse haben gezeigt, dass einerseits Informationen dann besser behalten werden, wenn sie öfter wiederholt werden und andererseits, wenn sie gehört und zusätzlich visualisiert werden. Die meisten Menschen sind visuelle Typen, das heißt, sie verarbeiten Nachrichten am besten, wenn diese *augengerecht* vermittelt werden. Informationen an sich sind streng genommen nichts wert. Nur wenn sie in den Köpfen der Betroffenen verankert sind, können sie eine nachhaltige Wirkung auslösen. Daher sollten sich Moderatoren und Präsentatoren nie nur auf ihre gute Rhetorik verlassen, sondern sich daran erinnern, dass aufgeschriebene oder aufgezeichnete Informationen besser im Gedächtnis der Zuhörer haften bleiben.

Schlusswort

Sie haben gesehen: Eine überzeugende Gesprächsführung, Moderations- und Präsentationskompetenz hängen von einer Vielzahl von Faktoren ab. Jede Führungskraft sollte daher trotz beruflichem Engagement und Aktionismus die »leisen Seiten der Kommunikation« nicht vernachlässigen. Dazu gehören eine gewisse Gelassenheit, um den Blick für das Wesentliche nicht zu verlieren, eine sensible Beobachtung der Prozesse und Strukturen im unmittelbaren Arbeitsumfeld, das Zuhören im Gespräch und die Reflexion über das eigene Verhalten.

Erfolgsformeln und Patentrezepte, damit *jedes* Gespräch und *jedes* Meeting erfolgreich gemeistert werden kann, gibt es nicht. Deshalb sind sie in diesem Buch auch nicht zu finden. Das Fazit des Ratgebers ist vielmehr, dass das moderne Arbeitsleben viele Chancen und Möglichkeiten der persönlichen und beruflichen Weiterentwicklung bietet, sofern man bereit ist, Herausforderungen anzunehmen. Schließlich kommt Erfolg von er-folgen, das heißt: Berufliche Anerkennung und Karriere sind meist das Ergebnis kontinuierlicher Arbeit.

Vielleicht werden einige Leserinnen und Leser nach der Lektüre dieses Buches denken: Hilfe, wie soll ich denn all diese Vorschläge und Konzepte umsetzen? Mein Tipp: indem Sie sich auf *wenige Vorhaben* konzentrieren, die Sie ausprobieren wollen oder verbessern möchten. Bereiten Sie beispielsweise Ihr nächstes Mitarbeitergespräch schriftlich vor (siehe dazu die Checkliste in Kapitel 3). Oder sorgen Sie in Meetings für einen regelmäßigen Moderationswechsel – jede/jeder im Team erhält so die Möglichkeit, Diskussionen zu leiten und zu führen. Oder probieren Sie im nächsten Workshop die Kreativmethode »Brainwalking« aus. Veränderungen brauchen Zeit. Es macht keinen Sinn, zahlreiche Verpflichtungen einzugehen, um nach kurzer Zeit festzustellen, dass man die guten Vorsätze schon längst über Bord geworfen hat. Wer sich weniger vornimmt, diese Vorhaben jedoch konsequent und nachhaltig verfolgt, hat auf Dauer gute Erfolgsaussichten. Ich hoffe, dass dieses Buch Ihnen hierfür wichtige Anregungen gibt.

Anhang

Anmerkungen

1 *forum* Nr. 1, /2001, S. 64.
2 Henning/Staufenbiel, *Berufsplanung für Ingenieure*, Köln 1999.
3 *Handelsblatt* vom 7./8. September 2001.
4 *Handelsblatt* vom 7./8. September 2001.
5 *Süddeutsche Zeitung* vom 13./14. Oktober 2001.
6 *Süddeutsche Zeitung* vom 3. September 2001.
7 *wirtschaft & weiterbildung* Nr. 1/2000.
8 Carter, *Füchsin, Dummerchen und Zauberin*, S. 265 f.
9 Weisbach/Ehresmann, *Reden und Verstandenwerden*, S. 143 f.
10 Watzlawick, Anleitung zum Unglücklichsein, S. 37 f.
11 Schulz von Thun, *Miteinander reden. Führungspsychologie für Führungskräfte*, S. 125 ff.
12 Rogers, *Entwicklung der Persönlichkeit*, S. 178.
13 *Wirtschaftswoche* Nr. 31 vom 29. Juli 1999.
14 Frey, *Die nonverbale Kommunikation*, S. 58 f.
15 Hartmann/Funk/Arnold, *Gekonnt moderieren*, S. 19 f.

Literaturhinweise

Ratgeber zu den Themenbereichen Führung, Kommunikation, Moderation und Präsentation gibt es wie Sand am Meer. Die folgenden Hinweise können daher nur eine gewisse Auswahl liefern.

Barbara Berckhan, *Die etwas gelassenere Art, sich durchzusetzen*, München 1995.

Eric Berne, *Spiele der Erwachsenen*, Reinbek 1970.

Vera Birkenbihl, *Rhetorik. Redetraining für jeden Anlass*, Berlin 1997.

Ralf D. Brinkmann, *Mitarbeiter-Coaching*, Heidelberg 1994.

Angela Carter, *Füchsin, Dummerchen und Zauberin*, Reinbek 1991.

Roland Eichenberger, *Klartext sprechen*, Asslar 1992.

Albert Ellis, *Training der Gefühle*, Landsberg/Lech 2000.

Jack Foster/Larry Corby, *Einfälle für alle Fälle*, Wien 1998.

Siegfried Frey: *Die nonverbale Kommunikation*, Stuttgart 1984.

Michael Gelb, *Überzeugend reden, erfolgreich auftreten*, Bremen 1992.

Martin Hartmann/Rüdiger Funk/Christian Arnold, *Gekonnt moderieren*, Weinheim und Basel 2000.

Klaus Henning/Jörg Staufenbiel, *Berufsplanung für Ingenieure*, Köln 1999.

Emil Hierhold, *Sicher präsentieren, wirksamer vortragen*, Wien/Frankfurt 2000.

Angelika Huber, *Existenzgründung für Frauen*, Landsberg/Lech 1999.

Gertraude Krell, *Chancengleichheit durch Personalpolitik*, Wiesbaden 2001.

Inghard Langer u. a., *Sich verständlich ausdrücken*, München 1999.

Traute Langner-Geissler/Ulrich Lipp, *Pinwand, Flipchart und Tafel*, Weinheim 1997.

Ruppert Lay, *Führen durch das Wort*, München 1999.

Joseph Luft, *Einführung in die Gruppendynamik*, Frankfurt/Main 1989.

Samy Molcho, *Körpersprache im Beruf*, München 2001.

Gitta Mühlen Achs, *Geschlecht bewusst machen, körpersprachliche Inszenierungen*, München 1998.

Oswald Neuberger, *Miteinander arbeiten – miteinander reden*, München 1988.

Isabel Nitzsche, *Erfolgreich durch Konflikte. Wie Frauen im Job Krisen managen*, München 2001.

Peter Noll/Hans Rudolf Bachmann, *Der kleine Machiavelli. Handbuch der Macht für den alltäglichen Gebrauch*, Zürich 1987.

Günter Ogger, *Nieten in Nadelstreifen*, München 1995.

Ruth Pink, *Bewusst kreativ*, Regensburg 2000.

Ruth Pink, *Kommunikation ist mehr als nur reden*, Stuttgart 1997.

Neil Postman, *Wir amüsieren uns zu Tode*, Frankfurt/Main 1985.

Carl R. Rogers, *Entwicklung der Persönlichkeit*, Stuttgart 1998.

Virginia Satir, *Mein Weg zu dir*, München 2001.

Herrald Schenk, *Glück und Schicksal – Wie planbar ist unser Leben?*, München 2000.

Friedemann Schulz von Thun, *Miteinander reden. Störungen und Klärungen*, Band 1–3, Reinbek 2001.

Friedemann Schulz von Thun, *Miteinander reden. Kommunikationspsychologie für Führungskräfte*, Reinbek 2000.

Bärbel Schwerfeger/Norbert Lewandowski, *Die Körpersprache der Bosse*, Düsseldorf 1990.

Josef W. Seifert, *Visualisieren, Präsentieren, Moderieren*, Offenbach 2001.

Reinhard K. Sprenger, *Aufstand des Individuums. Warum wir Führung komplett neu denken müssen*, Frankfurt/New York 2000.

Deborah Tannen, *Du kannst mich einfach nicht verstehen*, München 1998.

Paul Watzlawick, *Anleitung zum Unglücklichsein*, München 1998.

Paul Watzlawick u. a., *Menschliche Kommunikation. Formen, Störungen, Paradoxien*, Göttingen 2000.

Christian-Rainer Weisbach/Simone Ehresmann, *Reden und Verstandenwerden*, Frankfurt/Main 1982.

Thomas Wieke, *Meetings. Wie Sie sich durchsetzen und wie Sie Ihre Ziele erreichen*, Frankfurt/Main 2000.

Hermann Will, *Mini-Handbuch Vortrag und Präsentation*, Weinheim und Basel 2000.

Britt A. Wrede, *So finden Sie den richtigen Coach*, Frankfurt/New York 2000.

Abbildungsverzeichnis

Internetlinks

Das Internet wandelt sich täglich. Die hier empfohlenen Internetadressen können daher nur als Anregung dienen, das Thema Kommunikation, Moderation und Präsentation auch online zu verfolgen. Für die Inhalte der Links sowie deren Aktualität sind weder Verlag noch Autorin verantwortlich.

www.google.de
Gute Suchmaschine für alle Begriffe rund um Karriere und Fortbildung.

www.campus.de
Verlag mit starkem Wirtschaftsprogramm für alle Themen rund um Old und New Economy. Auf der Homepage des Verlages gibt es die Möglichkeit, sich aktiv in Online-Debatten einzumischen, beispielsweise zu Themen wie Wissensmanagement und Führung.

www.edwdebono.com
Internetseite des Kreativtrainers Eduard de Bono, dem Erfinder des Sechs-Farben-Denkens.

www.geva-institut.de
Dieses wissenschaftliche Institut erstellt Unternehmen und Institutionen Fragebögen im Bereich Potenzialanalyse, Führung und Kommunikation. Wer als Nachwuchskraft seine eigenen Stärken und Schwächen besser einschätzen möchte, kann Online-Fragebögen als Feedback-Möglichkeit nutzen.

www.mwonline.de
Interessante Homepage zu Fragen von Weiterbildung, Personalwesen, Coaching und Führung.

www.jungekarriere.com
Gute Tipps für Berufsanfänger, sei es zu Bewerbung, Gehaltsstrukturen oder Karrieretipps. Die Seiten sind jedoch gestalterisch etwas überfrachtet, was zu einer längeren Ladezeit führt.

www.monster.de
Großer Jobvermittlungsdienst, eröffnet auch Berufschancen in anderen europäischen Ländern.

www.jobscout24.de
Hier bieten viele Unternehmen (meist Großunternehmen) offene Stellen an; vor allem für (potenzielle) Führungskräfte interessant.

www.changeX.de
Online-Diskussionsforum des Campus-Verlags zu Fragen von Globalisierung, Führungsstilen, Wissensmanagement und vieles mehr.

Danksagung

Ein Manuskript ist die Basis jeder Veröffentlichung. Doch ohne die Hilfe von Lektorat, Herstellung, Grafik und Druck wäre ein Buch in dieser Form nicht möglich. In diesem Zusammenhang gilt mein besonderer Dank Dr. Kirsten Reimers, die mir mit Rat und Tat zur Seite stand. Außerdem bedanke ich mich bei meinen Interviewpartnern und -partnerinnen Manuela Feyder, 32 Jahre (Bildungswerk des Deutschen Journalistenverbandes), Sybille Fleischmann, 29 Jahre (Microsoft), Tobias Gärtner, 28 Jahre (Multimediagentur *die argonauten*), Patrick Hammer, 26 Jahre (Internet-Community *grin.de*), Stefan Lechner, 38 Jahre (Versicherungsunternehmen) und Dr. Bernd Plagemann, 33 Jahre (Siemens AG). Manche Führungskräfte wünschten ausdrücklich namentlich nicht erwähnt zu werden. Ihre Aussagen sind mit N. N. gekennzeichnet.

Zu guter Letzt möchte ich mich bei Georg Ledig bedanken, der mich in allen Phasen des Buchschreibens durch sein Feedback unterstützt hat.

Register